JN236921

株のシステムトレード入門

利益が出るロジックのつくり方

Masaaki Saito
斉藤正章

日本実業出版社

はじめに

　この数年間で、システムトレードを取り巻く環境は大きな変化を遂げました。おそらく５、６年前であれば、「システムトレード」という言葉を聞くと、"自分には縁のない難しいもの"という印象を持たれる方が多かったでしょう。

　たしかに数年前までは、「自分自身でロジック（売買ルール）をつくってシステム化する」のは、まだまだ敷居が高かったため、システムトレードを実践するというと、他人の考えたロジックを真似たり、既存のテクニカル指標のサインどおりに（教科書どおりに）売買する手法が主流だったかもしれません。

　しかし、最近では証券会社などでもシステムトレードを実践するための環境づくり（検証ツールの充実など）に力を入れるところが出始めているようです。

　今後、システムトレードは、投資家にとってますます身近な投資方法になっていくことでしょう。そういう意味では、ロジックを「真似る時代」からロジックを「つくる時代」へと変化してきている、といってもいいのかもしれません。

　本書はこのような時代の流れを踏まえ、単にトレード・テクニックのみを羅列するのではなく、「利益が出るロジックを自分自身でつくる方法」に焦点をあてて書かせていただきました。

　もっとも、初心者がいきなり何もないところからオリジナルのロジックをつくるのは難しいでしょうから、ある程度はそのまま売買に利用できるテクニックにも踏み込んで解説しています。

したがって、本書の位置づけとしては「ロジックのつくり方」＋「テクニック集」と考えていただければいいでしょう。
　システムトレードという性質上、私自身の使っているロジックをそっくりそのまま掲載させていただくことはできないのですが、それでも十分に役立つテクニックをさまざまな形で散りばめました。

　最終的には、読者の皆さん自身の手でロジックをつくっていただくことを目的としているため、バックテスト（ロジックの検証）を行うために何らかの検証用ツールなどを利用するのが基本ですが、本書ではそのようなツールをお持ちでない方のために、巻末に検証用ツール（ソフトウェア）のダウンロード先を掲載しました。
　また、ツールの操作方法についても解説していますので、まだご自身でバックテストを実践した経験のない方は、この機会にぜひ利用してみてください。

　システムトレードの醍醐味は、自分自身でバックテストを繰り返し、利益が出るオリジナルのロジックをつくり上げることでしょう。
　これは、私から皆さんへのお願いといってもいいのですが、本書で掲載しているロジックをなんとなく読み進めるのではなく、皆さん自身の手で実際にバックテストを実施してみることをおすすめします。
　さらに、できることならほんの少しでもいいので、それらのロジックに自分なりのアレンジを加えてみてください。もちろん、最初は数値などを変える程度でも結構です。
　自分自身の手でバックテストをしていただくことで、そのロジックの持っている特徴など、文章を読んだだけではわからないさまざまなことが見えてくるはずです。

そして、結局は自分自身でバックテストを繰り返すことが、利益が出るロジックをつくり上げる近道になると考えます。

　最後に、読者の皆さんが自立したシステムトレーダーになるために、本書が少しでもお役に立てることを心より願っています。

2011 年 1 月

斉藤　正章

入門　株のシステムトレード
利益が出るロジックのつくり方

Contents

はじめに

第1章 システムトレードの基本

- 01 本書におけるシステムトレードの定義 ………… 12
- 02 システムトレードの実践方法は3つ ………… 14
  - ❶すでに有効性が確認されている売買ルールを利用する・14
  - ❷市販のツール（ソフトウェア）を利用する ……… 15
  - ❸自分で作成したツールや表計算ソフトを利用する …… 17

03 アイデアの検証から実売買まで ・・・・・・・・・・・・・・・・・・・ 19
　❶アイデアの発想・・・・・・・・・・・・・・・・・・・・・・・・・・・・・・・・ 19
　❷アイデアを公式化・・・・・・・・・・・・・・・・・・・・・・・・・・・・・・ 21
　❸バックテスト（アイデアの検証）・・・・・・・・・・・・・・・・ 21
　❹評価・・ 22
　❺フォワードテスト・・・・・・・・・・・・・・・・・・・・・・・・・・・・・・ 22
　❻テスト売買（実売買）・・・・・・・・・・・・・・・・・・・・・・・・・・ 23

第❷章 自分のアイデアで売買ルールを構築しよう

01 アイデアは利益の源泉 ・・・・・・・・・・・・・・・・・・・・・・・・・ 26
02 自己流アイデアの発想法 ・・・・・・・・・・・・・・・・・・・・・・・ 28
03 チャートからアイデアを発想しよう ・・・・・・・・・・・・・ 31
04 テクニカル指標は何でもいい？ ・・・・・・・・・・・・・・・・・ 35

第3章
バックテストの実践と良いシステムの見分け方

01 バックテストの準備 ……………………………… 38
　❶ 資金管理機能 ……………………………………… 38
　❷ マルチストラテジー機能 ………………………… 39

02 シンプルな売買ルールのバックテスト ………… 40

03 バックテストの成績を評価する ………………… 46

04 パラメータの最適化 ……………………………… 51

05 バックテストを効率的に行うには？ …………… 58

06 フォワードテストをしよう ……………………… 59

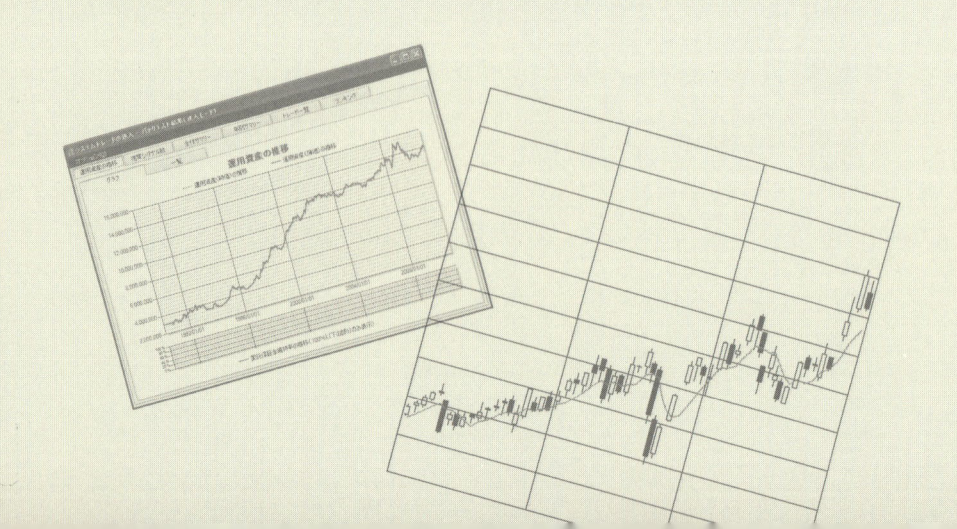

第4章

シンプルな3つの売買ルール

- 01 さまざまなタイプの売買ルール ･････････････････ 64
- 02 売買ルール①逆張り型の売買ルール ･････････････ 68
- 03 売買ルール②順張り型の売買ルール ･････････････ 74
- 04 売買ルール③押し目買い型の売買ルール ･･････････ 80

第5章

システムの改良でパフォーマンスをアップ

- 01 シグナル数をフィルターにする ･････････････････ 88
- 02 株価指数をフィルターにする ･･･････････････････ 100
- 03 個別銘柄のトレンド判定 ･･･････････････････････ 106
- 04 相性の良い銘柄でトレードするとどうなる？ ･･････ 110

第6章

マネーマネジメント（資金管理）の極意

- **01** とるべき戦略は資金量で変わる ・・・・・・・・・・・・・・・ 118
- **02** 高利回りの秘訣は優先順位にあり ・・・・・・・・・・・・・ 121
- **03** 集中投資と分散投資 ・・・・・・・・・・・・・・・・・・・・・・・・ 126
- **04** 単利と複利によるパフォーマンスの違い ・・・・・・・・ 133
- **05** 分割売買は有効か？ ・・・・・・・・・・・・・・・・・・・・・・・・ 136

第7章

勝ち続けるための5つの戦略

- **01** 目的に合わせたシステムを構築しよう ・・・・・・・・・・ 142
- **02** システム❶ 年に数回のチャンスで決める
  【逆張り100＆順張り100戦略】・・・・・・・・・・・・・・ 143

03	システム❷ 買いと売りを組み合わせた安定型の逆張り 【逆張り４／４ロングショート戦略】・・・・・・・・・・・151
04	システム❸ 業種別指数を使ったシンプルな鞘取り 【電力株の鞘取り戦略】・・・・・・・・・・・・・・・・・158
05	システム❹ 日経平均のヘッジで下落相場を克服 【ブレイクアウト＋日経平均ショート戦略】・・・・・・・164
06	システム❺ 値動きの大きい銘柄を待ち受ける 【指値待ちデイトレ戦略】・・・・・・・・・・・・・・・171

巻末付録

検証ソフトを使って
バックテストを実践しよう

01	検証ソフト『システムトレードの達人』の インストール・・・・・・・・・・・・・・・・・・・・178
02	検証ソフトを使ったバックテストの実践・・・・・・・179
03	売買ルール作成の手引き・・・・・・・・・・・・・・189

本書は、2011年1月末現在の情報に基づいています。
また、投資の判断は自分自身の責任において行ってください。

装丁／モウリ・マサト
本文デザイン・DTP／ムーブ（新田由起子、川野有佐）

第1章
システムトレードの基本

01 本書における システムトレードの定義

　タイトルでもわかるとおり、本書は、システムトレードに興味がある方を対象に書かれたものです。したがって、すでに本書を手にしていただいている時点で、システムトレードについて、多少の予備知識をお持ちの方も多いかもしれません。

　しかし、システムトレード自体はまだ歴史が浅いこともあり、読者によっては誤解を招いたまま読み進めてしまう恐れもあります。そこで、まずは本書でいう「システムトレード」の定義をはっきりさせておくことにしましょう。

　システムトレードをインターネットの検索エンジンなどで調べると、多少ニュアンスの差はありますが、「一定の売買ルールに従い、機械的に売買すること」とった解説が大半を占めています。

　これ自体はもちろん正しい解説であり、システムトレードの特徴のひとつであることは間違いないのですが、本書でいうシステムトレードの条件としては少し足りない部分があります。

　本書でいうシステムトレードでもっとも重要な点は「過去のデータによって、売買ルールの有効性が証明されていること」ということです。つまり、少なくとも過去に売買していれば有効に機能していた（儲かった）ルールだけを使ってトレードする必要があるのです。

　このことを考慮に入れ、あらためて本書のシステムトレードをひとことで表現するなら、「過去のデータで有効性が証明されている売買ルールに従って、機械的に売買すること」になるでしょうか。

さらにいえば、「機械的に売買する」というところがかなり曲者です。

たとえば、まったく同じ日に同じ売買ルールに合致する銘柄が10銘柄ほど出た場合はどうやって売買するのでしょうか。

売買が可能な上場銘柄は4000銘柄ほどありますから、そのようなことが頻繁にあってもおかしくありません。10銘柄くらいならまだいいほうですが、同じ日に50銘柄も100銘柄も該当銘柄がある場合には、資金的にも、すべての銘柄を売買することはできないでしょう。

このような事情からも、本当の意味で「機械的に売買する」ためには、同じ売買ルールに合致する銘柄がたくさんあった場合も考慮して、「①どのような銘柄を優先して」、「②どのくらいの金額を売買するか」というところまで、すべてが決まっている必要があるのです。

当然、本書ではこれらのことすべてを考慮したうえでシステムトレードと定義しています。つまり、本書で扱うシステムトレードは、売買をする人にかかわらず、「誰がやっても同じ結果になる」という、本当の意味での機械的な売買が実践できるのです。

もっとも、本書の趣旨は、皆さんにまったく同じ売買ルールを強要するものではないので、本書で紹介する売買ルールの改良は皆さん自身の手で自由に行っていただいてかまいません。むしろそうすることで、皆さんが自立したシステムトレーダーになることを望んでいます。

なお、システムトレードと間違われやすいものに「自動売買」という手法がありますが、自動売買は単にあらかじめセットしておいた売買ルールどおりにコンピュータが自動で発注を行うことを指しています。

一方、システムトレードは必ずしも自動で発注するものではなく、売買ルールに合致した銘柄に対して手動で発注するのが一般的です。自動売買とシステムトレードは、まったく別ものと考えていいでしょう。

02 システムトレードの実践方法は3つ

　本書をご覧になる以前から、ご自身でシステムトレードを実践している方であれば、すでにシステムトレードを実践するための何らかの環境を持っているものと思われます。しかし、これからシステムトレードを始めてみようという方にとっては、何から始めればいいのか見当もつかないでしょう。

　そこで、システムトレードを実践するためにはどのような方法があるのかを紹介すると同時に、それぞれのメリットやデメリットについても簡単に解説しておきましょう。

❶すでに有効性が確認されている売買ルールを利用する

　もっとも簡単にシステムトレードを実践しようと思えば、他人の手によって有効性が確認されている売買ルールに従って売買を行うという方法があります。

　過去のデータを分析して有効な売買ルールを探し出す作業は、システムトレードでもっとも手間のかかる作業ですが、それを他人が代わりにやってくれているわけですから、手っ取り早く売買を始めるにはもってこいです。

　具体的には、売買ルールを公開している書籍を読んだり、あるいは投資顧問会社等が行っている売買シグナルの配信サービスを利用するのが主な方法でしょうか。

　ただし、客観的に考えればわかることですが、本当に儲かるルールを無料で他人に公開するような物好きな人（会社）はいないと考えるのが

普通です。つまり、売買ルール（あるいは売買する銘柄のシグナル）などの情報を得るためには、それなりの対価（お金）を払わなければならない場合がほとんどです。

　この方法でシステムトレードを行うメリットは、前述したとおり、自分自身で有効な売買ルールを探すための検証作業（バックテスト）をする必要がなく、すぐに売買を始めることができる点ですが、デメリットもいくつか存在します。

　たとえば、過去のバックテスト結果でそれなりに良好な成績を出している売買ルールを入手したとしても、その売買ルールのバックテストがどのような方法で行われたものであるのかがわからないことです。

　買いや売りのルールが公開されていたとしても、手数料やスリッページなどのコストは計算されているのか、資金管理（何銘柄に分散するかなど）や仕掛けの際の優先順位は考慮されているのか……といった具合です。

　また、売買シグナル（買い銘柄や売り銘柄の指示）の配信サービスにいたっては、基本的に売買ルールそのものがブラックボックス（非公開）であるため、サービスの提供を受ける方は配信される売買ルールのシグナルが本当に有効なものであるかどうかを確認するのが困難です。

　これらのサービスを利用するのであれば、可能なかぎり売買ルールの特徴が詳しく説明されているものを選んで利用するのがいいでしょう。

❷市販のツール（ソフトウェア）を利用する

　売買する銘柄の指示だけでなく、自分自身でオリジナルの売買ルールを作成しようと考えた場合に、もっとも現実的な選択肢は市販のツール（ソフトウェア）を利用することでしょう。

ほんの数年前であれば、過去の株価データを使ってバックテストをしようと思えば、自分で複雑なプログラムを組む作業が必要でしたが、現在ではさまざまなシステムトレード用のソフトウェア（検証ソフト）が販売されており、自分でバックテストを行うための環境は整ってきています。

　一般的にこれらの検証ソフトは、いくつかの種類のテクニカル指標があらかじめ用意されているため、特別なプログラムなどの知識がなくても自分の好きな指標をいくつでも組み合わせてバックテストを行うことが可能です。

　市販の検証ソフトを利用することのメリットは、誰でも手軽にバックテストを行うことができる点でしょう。

　一部の検証ソフトでは、「スクリプト」といわれる簡単な言語を書く必要がある場合もありますが、基本的にはマウスの操作と数値の入力だけで売買ルールのバックテストができるものがほとんどです。

　たとえば、「3日連続して下落したら買い、2日連続で上昇したら売り」という売買ルールを作成してバックテストしたいとします。

　この場合は「買いルール」のところでは「連続下落日数→3日」を選択、「売りルール」では「連続上昇日数→2日」と入力し、資金の分散方法や買い付ける際の優先順位を指定した後、バックテストを実行したい期間（例：1990年3月1日～2010年12月31日）を入力して「バックテスト開始」のボタンをクリックするだけです。

　もちろん、利用する検証ソフトによって若干の違いはあるものの、基本的にはこれだけの簡単な作業でバックテストができてしまうのです。

　また、ほとんどの検証ソフトには、自分で作成した売買ルールに従ってトレードを行うために、「売買シグナルの表示（指示）機能」が搭載

されています。したがって、売買ルールを作ったあとは、淡々とソフトウェアの指示に従って売買するだけでシステムトレードが実践できるのです。

あえてデメリットをあげるとすれば、ソフトウェア自体は比較的高額なものが多く、初期投資が必要になります（一般的には15万円前後のものが主流）。

ただ、一度購入してしまえばその後のランニングコストはほとんど発生しないため、システムトレードを実践するための選択肢としてはもっとも現実的といえるのではないでしょうか。

❸自分で作成したツールや表計算ソフトを利用する

自分自身でバックテストなどを行うためのツールを作成するためにはプログラミングなどのスキルが要求されるため、一般の方にはあまりおすすめできる方法ではないかもしれません。

私自身がシステムトレードを始めたころは、現在のように便利な検証ソフトがほとんどなかったため、ある程度本格的なバックテストなどを行おうと思えば、自分でツールを作成する以外に選択肢がありませんでした。

もっとも、自分自身でバックテストを行うためのツールを作成するようなスキルがあれば、市販の検証ソフトにはできないような機能を自由に付け加えたりすることもできるため、そのメリットは計り知れません。

しかし、現在では市販の検証ソフトでも十分に機能が充実してきていますし、何よりも自分でソフトウェアを自作するとなると相当な時間を使うことになるため、相応の理由がないかぎりは市販の検証ソフト等で間に合わせたほうがいいでしょう。

また、ゼロから自作する以外にも、Excel 等の表計算ソフトを使ってバックテストを行う方法があります（ここではマイクロソフト社の Excel を使用するものとして話を進めます）。

　Excel を使用することのメリットとしては、まず初期コストがかからないことです。もちろん、システムトレードを行うためだけに購入するとなるとそれなりの出費になりますが、すでに他の目的で持っている方にとっては追加の出費なく無料で利用できるのがメリットです。

　Excel は市販のソフトウェアのように、全銘柄を対象とするような複雑なバックテストはできませんが、1 銘柄ずつ個別にバックテストを行うことは可能です。また、うまく使えば 2 銘柄間の鞘取りなどのバックテストを行うこともできますので、アイデア次第でかなり柔軟に利用できるのです。

　個別株のように数千銘柄を対象としたバックテストには不向きですが、ＦＸ（外国為替）や日経 225 先物を対象としたシステムトレードには意外と良い選択肢かもしれません。

　ただし、Excel でバックテストを実践するためには、「関数」と呼ばれるものを習得する必要があるため、それを面倒と感じる方には向かないでしょう。

　本書では Excel を使用したバックテストについては詳しく解説しませんが、Excel をメインとしたシステムトレード関連の書籍はいくつか出版されています。どうしても Excel を使ったシステムトレードにチャレンジしてみたいという方は、それらを読んで学習してみるのもいいのではないでしょうか。

03 アイデアの検証から実売買まで

　これからシステムトレードを始めようというとき、とくに初心者の場合はいったい何から手をつければいいのか見当もつかないでしょう。そこで、ここではアイデア（売買ルールなど）を思いついてから実際に売買するまでの流れを簡単に解説します。

　次ページの**図1－1**は、利益になりそうなアイデアを発想してから実売買を開始するまでの流れをまとめたものです。基本的には上から下へと順番に作業を進めていくことになるわけですが、それぞれの各項目についての詳細は第2章以降から詳しく解説していきますので、ここでは簡単な流れを追うだけにとどめておきます。

❶アイデアの発想

　トレードで利益をあげるための法則＝「売買ルール」を作成するためには当然、利益をあげるためのアイデアを考えるところから始めなくてはなりません。

　簡単な例では、「短期間で大きく下落した銘柄ほどその後に上昇しやすい」と感じたのであれば、それはひとつの貴重なアイデアということがいえます。

　もっとも、この時点で本当にその方法で利益をあげることができるかどうかまではわからないわけですが、この後の作業でそれを確認していくことになるため、ここでは「何となく儲かるのでは？」といった程度でもかまいません。

【図1-1】アイデアの発想から実売買までの流れ

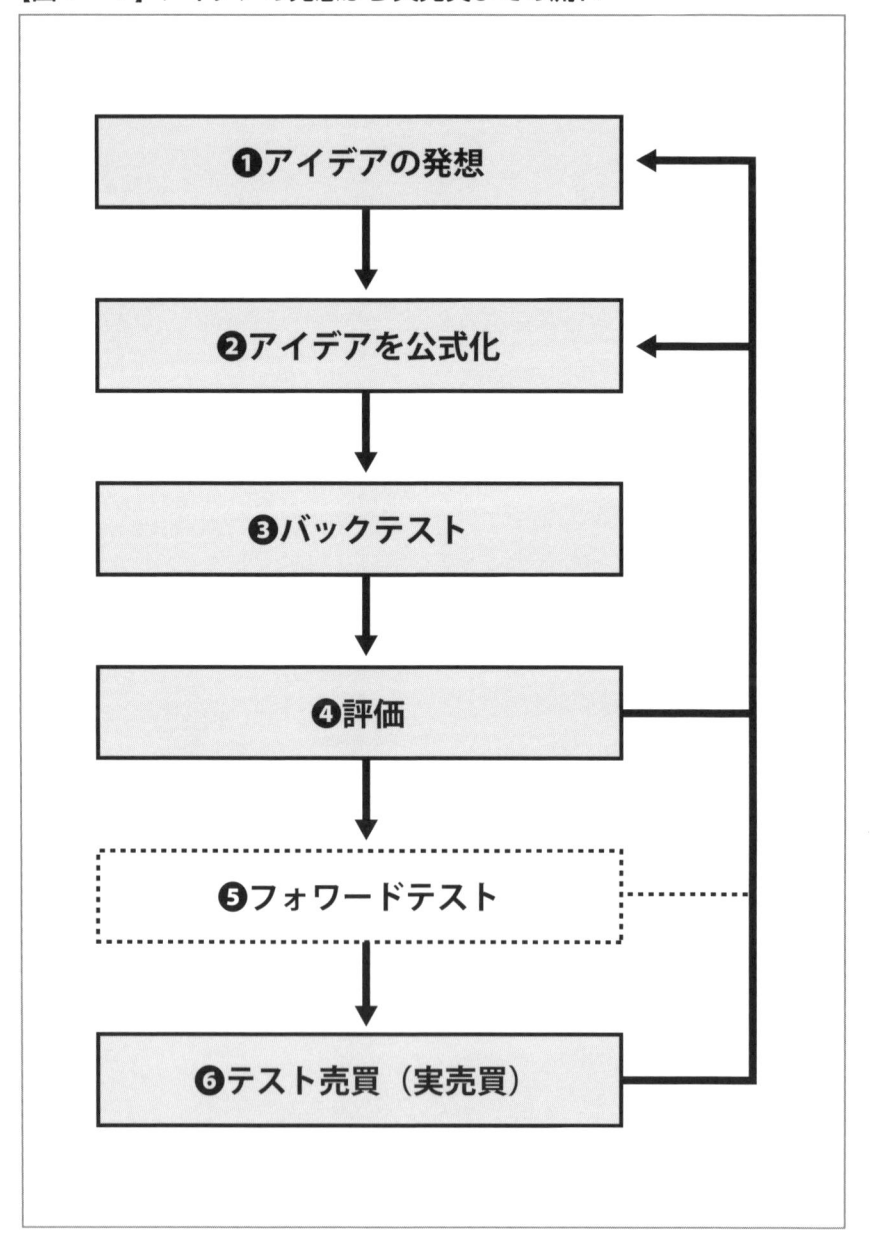

```
❶アイデアの発想
   ↓
❷アイデアを公式化
   ↓
❸バックテスト
   ↓
❹評価
   ↓
❺フォワードテスト
   ↓
❻テスト売買（実売買）
```

（❹評価 → ❶アイデアの発想、❷アイデアを公式化へのフィードバック）
（❻テスト売買 → ❺フォワードテストへの点線フィードバック）

❷アイデアを公式化

アイデアを公式化するというと、若干難しい表現に感じるかもしれませんが、「買う（売る）ためのタイミングをはっきり定義しましょう」ということです。

たとえば「大きく下落したら買い」といっても、どのくらい下落すれば"大きく"下落したことになるのかは人によってまちまちです。

しかし、「3日間で10％下落したら買い」とか「25日移動平均と比べて20％下落したら買い」といわれれば、個人的な判断を入れる余地はまったくありません。

システムトレードでは、必ず曖昧な部分を公式化して、誰でも同じように判定できるようにすることが重要なのです。

❸バックテスト（アイデアの検証）

バックテストは自分の思いついたアイデアが本当に利益をあげることができるかどうかを確認するための検証作業であり、システムトレードのなかでもっとも重要なものです。

たとえば「●日間で×％下落したら翌日の寄付きで買い、大引けで売り」という売買ルールを思いついたら、実際にその方法で過去に売買した場合に、利益が出たかどうかを検証することをいいます。

バックテストを行うことにより、たとえば勝率が80％であるとか、ドローダウンが10％というように、過去の売買でどのくらいの成績を収めていたのかを調べることができるのです。

この作業は、たとえ市販のソフトウェアを利用したとしても非常に多くの時間と労力が必要になりますが、ここで手を抜くと良い売買ルールを作ることはできないため、「時間をかけたもの勝ち」というくらいの覚悟で根気強く繰り返すことが重要でしょう。

実際に検証ソフトを使ったバックテストの実践方法については第3章で詳しく解説していきます。

❹評価

バックテストを行った売買ルールがどのくらい有効であるか（儲かりそうか）を確認するための作業です。

たとえば、思いついたアイデアをバックテストしたときに、「損益グラフの曲線が滑らかな右肩上がりなので良い売買ルールだな」とか「勝率は高いがドローダウンが大きいので実際に売買するにはリスクのある売買ルールだな」といったように、売買ルールの"良し悪し"を具体的に判断します。

しかし、通常は思いついたアイデアをバックテストしても1回でいきなり好成績が出ることはほとんどありません。ある程度自分で納得のいく成績が出るような売買ルールができるまでは何度もバックテストを繰り返す必要があるのです。

最初のバックテストで良い結果が出なくても、少しだけパラメータ（××％などの数値）を変えれば使えそうだと思えば、②からやり直せば改善するかもしれませんし、まったく使い物にならないと判断すれば①のアイデアの発想からやり直さなければならないこともあります。

❺フォワードテスト

フォワードテストいうのは、バックテストを終えた売買ルールが将来も有効に機能する可能性が高いかどうかを確認するための作業です。

一般的には仮想的に未来の株価に見立てたデータでテストをするため、私は勝手に「未来テスト」と呼んだりもしています。もっとも、本当に未来のデータを用意することはできないため、過去データの後半（数年

分）を「未来」のデータに見立ててバックテストを行うという方法をとります。

バックテストが終わっているのにさらにテストをする必要があるのかと疑問に感じる方もいるでしょうが、このフォワードテストを行うことで、実際に売買を行ったときの成績が改善すると考えられています。

なお、**図1－1**のなかでフォワードテストの部分だけが点線になっているのは、この作業を省略する人もいるためですが、できるだけフォワードテストは行ったほうがいいでしょう。

❻テスト売買（実売買）

フォワードテストまで終えた売買ルールができあがれば、いよいよテスト売買を開始します。

テスト売買というのは、その名のとおり、作り終えた売買ルールが実際に有効に機能するかどうかを株式市場でテストすることです。が、テストといっても本当のお金を使って売買を行うため、実質的には実売買と変わりありません。

これまでの作業が正しく行われているかぎり、自分の作った売買ルールはある程度有効に機能する可能性が高いと思われますが、現実には実際に売買するまで気がつかないこともたくさんあります。

たとえば、実際に一定期間売買を行ってみた結果、短期間で上昇しすぎた銘柄を除外すれば、もう少し成績が良くなりそうだと感じることがあるかもしれません。

もしこのような思いつきがあれば、現在使っている売買ルールに上昇しすぎた銘柄を除外するような条件を追加して、再度バックテストを行えばいいのです。そうすることでさらに成績が向上すれば良し、成績が向上しないようなら自分の勘違いだったと知ることができます。

システムトレードは、このような作業を繰り返しながら、徐々に良い売買ルールに仕上げていくため、ある意味では本当に「完成されたシステム」というものは存在せず、永遠にテスト売買とシステム改良の繰り返しといえるのかもしれません。

第2章
自分のアイデアで売買ルールを構築しよう

01 アイデアは利益の源泉

　システムトレードで利益をあげることができるかどうかは、最初にどれだけ良いアイデアを出すことができるかにかかっているといっても過言ではありません。

　もちろん、最初に何となく思いついたアイデアをそのままバックテストしたとしても、すぐに良い成績が出るほど簡単にはいかないのが普通です。本当に実用に耐えうるような売買ルールを完成させるためには、何度も改良を加えながらバックテストを繰り返す必要があります。

　しかし、どんな売買ルールであっても、必ず最初にアイデアがあったからこそ完成に至っているのです。

　アイデアが必要だというと、何か特別にものすごい発想をしなければならないのではないかと難しく考えてしまいそうですが、最初はほんのちょっとしたひらめき程度でかまいません。

　たとえば、私がシステムトレード（らしきこと）を始めた当時、最初に思いついたのは「短期間で大きく下落した銘柄ほど、その後に急反発（上昇）する可能性が高いのでは？」という程度の単純な発想でした。

　現在の知識を持った状態から見れば非常に安易な発想なのですが、それが最終的には今でも現役で活躍している逆張り系の売買ルールの原型となっているのです。

　アイデアはいたるところに転がっています。なんのヒントもなく自分で思いつくこともありますが、他人の書いた書籍（投資関連のものでな

くても可）からヒントを得ることもあるでしょうし、インターネット上の情報を参考にしてもかまいません。

　他人の発信する情報のなかには有害な（間違っているなど）内容も含まれるため、本来であればそのまま鵜呑みにすると危険な場合もあるのですが、それはシステムトレードの「バックテスト」というメリットを最大限に生かすことで解決できます。

　バックテストを行えば、過去のマーケットにおいてその方法が有効であったかどうかを簡単に検証することができるため、有害な情報に騙される心配がありません。

　自分でトレードに使えるアイデアを見つけるためにはさまざまな方法が考えられますが、本書では主にチャートから得られるアイデアの発想方法を中心に解説したいと思います。

02 自己流アイデアの発想法

　システムトレードを始めたばかりの方にとって、利益をあげるための具体的なアイデアがないことは決してめずらしいことではありません。当然、アイデアがなければバックテストを行うこともできないため、具体的なアイデアのない状態の人がまずはじめに思いつくのは、「すべてのテクニカル指標の組み合わせをテストしたらどうなるか？」ということではないでしょうか。

　しかし、残念ながらこの方法はあまりおすすめできません。というより、ほとんど不可能に近いといったほうがいいのかもしれません。

　数え方にもよりますが、テクニカル指標は有名なものだけでも数十種類も存在します。それほど有名でないものも含めれば100種類は下らないのではないでしょうか。

　仮に50種類の指標のなかから2つだけを選んで組み合わせるとしても、すべての組み合わせをテストしようと思えば1225パターンもの組み合わせについてテストを行わなければならないのです。

　さらにそれぞれのテクニカル指標について少しずつ数値（パラメータ）を変えながらテストすることを考えるとほとんど無限に近く、人間が寿命をまっとうするまでには到底すべてのパターンをテストすることなど不可能です。

　そういった事情からも、何の当てもなくがむしゃらにバックテストを繰り返すよりは、何らかの根拠をもとに的を絞ってテストしたほうが現実的なのです。

おそらく、多くの方がトレードのアイデアを考えるためにもっとも多く用いているのは「チャートリーディング」という方法ではないでしょうか。

　チャートリーディングとは、その名前からもわかるとおり、チャートから特定のパターンを読み取ることをいいます。

　簡単な例では、チャートを眺めていて、「株価が大きく上昇した翌日は陰線になることが多そうだ」というのに気がついたとすれば、それはチャートリーディングを行った結果です。

　チャートリーディングの利点は、四本値（始値、高値、安値、終値）と必要であれば出来高のデータさえそろっていればバックテストができる点にあります。

　ほとんどのテクニカル指標は四本値や出来高から計算されているものです。

　したがって、特別に別途データを用意する必要がなく、市販されているほとんどのソフトウェアで最初からバックテストが可能です。そういった理由からも、最初はチャートから利益になりそうな特定のパターンを探し出すのがいいでしょう。

　チャートリーディングという方法以外にもいくつかアイデアを生み出す方法は存在します。

　一例をあげれば「鞘取り」などもそのひとつでしょう（厳密にいえば、チャートを使わないとはいえないかもしれませんが）。

　同じ鞘取りでも先物などのように同じ銘柄で異なる限月間の価格差を取りに行くものもあれば、トヨタとホンダのように同じ業種で異なる銘柄間の価格差を取るタイプのものもありますが、大きな区切りでは同じ鞘取りということになります。

トヨタとホンダなどは同じ業種ということもあり、この2銘柄で鞘を取ることは誰でも思いつく範囲だと思いますが、意外な銘柄の組み合わせが利益につながる可能性もありますので、想像力を働かせると面白いアイデアが浮かぶかもしれません。

　その他にも、PERやPBRといった業績に関連する指標を使ってみるのも良いアイデアではないでしょうか。
　チャートのみで利益になるパターンを探すには限界がありますが、業績等のデータを組み合わせることで、より成績の良い売買ルールを作成する可能性を高めることができると考えられます。
　ただし、このような検証を行うためには、株価以外のデータを使用する必要があるため、市販のソフトウェア等だけではバックテストを行うことが困難という欠点があります。

　本書では主にチャート（株価）を使ったアイデアの解説が中心となりますが、余力があればそれ以外の方法にも積極的にチャレンジしてみるのも面白いでしょう。

03 チャートからアイデアを発想しよう

　ほとんど株（あるいはそれ以外の商品）の売買をしたことがない初心者であれば、チャートから何か使えそうなパターンを発見するというのは、さすがに困難な作業かもしれません。

　しかし、システムトレードそのものは初めてでも、今まで裁量で売買をした経験のある方でしたら、チャートの形からある程度利益の"出そうな"パターンを探し出すことは可能なのではないでしょうか。

　まずは次ページの**図2-1**をご覧ください。これは、ソフトバンク（9984）の日足チャート（6ヵ月分）です。

　このチャートを見ると、少なくとも表示されている期間中は適度な上げ下げを繰り返しながらも上昇トレンドを描いているように見えます。このチャートひとつでも、ある程度のトレード経験がある方なら、売買に適したポイントがいくつか発見できるのではないでしょうか。

　たとえば、図中の①や③の場合、超短期間で見れば急激に株価が下落しているので「逆張り」という見方ができるでしょうし、もう少し長期間で見れば上昇トレンド中の一時的な「押し目」という見方も成り立つでしょう。

　一方、②などは一定期間の高値を上抜いているため、ブレイクアウト（高値更新）という「順張り」で仕掛けるポイントになるかと思います。これらは私が単なる例を示したにすぎず、必ずしも決まった答えではありませんので、見る人によってはもっと違った売買のポイントが見えてくるのではないでしょうか。

【図２−１】ソフトバンク（9984）の日足チャート（指標なし）

　このように、たった１枚のチャートでも一見して売買に使えそうなパターンがいくつも隠れているわけですが、ひとつ大きな問題があります。それは、システムトレードを実践するためには、**仕掛けと決済のタイミングをルール化しなければならない**ということです。つまり、下落したという判断ひとつとっても、「いつから」「どのくらい」下落したのかを明確に数値で定義しなければならないのです。

　一般に裁量でトレードを行う方の場合だと「トレンドラインを上（下）に抜けたら買い（売り）」とか、「トレンドラインの下限（上限）で買い（売り）」などのように、トレンドラインを使った売買を好む方が多いようですが、システムトレードでこのような方法を用いるのは困難でしょう。なぜなら、トレンドラインというもの自体がかなり曖昧なものであり、人によってラインの引き方が違うことがあるからです。

仮にラインの引き方を統一したとしても、正確に数値化しづらいものであるため、バックテストを行うのは非常に難しいでしょう。

そうなると、トレンドラインなどに代わって数値化しやすい別の指標を用いる必要があります。

たとえば、**図２－２**のように移動平均線とRSIを使ってみるのはどうでしょうか。

こちらのチャートは先ほどと同様、ソフトバンクの日足チャートに移動平均線（75日）と移動平均線（5日）、それからRSI（9日）の3つを付加したものです。

この2つの指標を使って、上昇トレンド中の「押し目」を買うような売買ルールを考えてみましょう。

【図２－２】ソフトバンク（9984）の日足チャート（指標あり）

まず、株価が「上昇トレンド」であるかどうかの定義を移動平均線で行います。具体的には移動平均線（5日）が移動平均線（75日）よりも上にあれば「上昇トレンド」、反対に移動平均線（5日）が移動平均線（75日）の下にあれば「下落トレンド」と定義することにします。

　また、「押し目」の判定にはRSIを使うことにしましょう。押し目というからには、株価がある程度の下落をしていることになるため、ここではとりあえず「RSIが25以下になった状態を押し目」と定義することにします。

　さて、この条件で買いの仕掛けを行うポイントを探すと①と②が合致します。本来であれば③の位置でも買い付けることができればベストですが、③の日はＲＳＩが26であることで、ぎりぎりで買いの条件を満たしません。

　買い付けた後にどこで売るかにもよりますが、①と②のいずれのタイミングで買い付けた場合でも、株価がある程度の上昇をしているため、仕掛けのタイミングとしてはそれほど悪くないといえるでしょう。

　本来であれば、仕掛けのタイミングだけでなく、決済のタイミングも決める必要がありますが、今回はあくまでも「チャートからどのように売買のタイミングを探すか」という点に絞って解説しました。

　このように、チャートだけでは売買のタイミングを定義しづらくても、いくつかのテクニカル指標を使うだけで数値として明確に定義することができるのです。

　もっとも、実際にこのような方法で考えた売買ルールが有効に機能するかどうかはバックテストによって確認する必要があります。

04 テクニカル指標は何でもいい？

「テクニカル指標のなかでもっとも優れているものは何か？」という問いに、具体的な指標の名前をあげるのは非常に困難です。しいていえば、私はどんなテクニカル指標よりも素の株価そのものが良いと考えますが、株価だけを使って売買ルールを作るのはあまり現実的ではありません。

たとえば、先ほどのソフトバンクを例にした押し目買いのタイミングを判定するとなると、「当日の終値が3ヵ月前の終値よりも高く、3日前の終値よりも低い」という程度では十分とはいえないでしょう。ある程度正確なタイミングを判定するには、かなり複雑な定義をしなくてはなりません。

では、どんなテクニカル指標を使えばいいのでしょうか。じつはある意味、どのような指標を使ってもそれほど問題はないのです。

具体的な例を示すために、次ページの**図2－3**を見てください。この図は先ほどの**図2－1**、**図2－2**と同様にソフトバンクの日足チャートですが、移動平均やRSIの代わりに「ボリンジャーバンド（25日、±σ、±2σ）」を使っています。

ここではボリンジャーバンドの細かい意味については理解する必要はありません。単純に株価がボリンジャーバンドの一番下の線にわずかでも触れた場合を買い（仕掛け）とすると、①と②の2ヵ所が買いのタイミングとなります。

図2－2と比較して若干買いのタイミングが異なるものの、どちらも

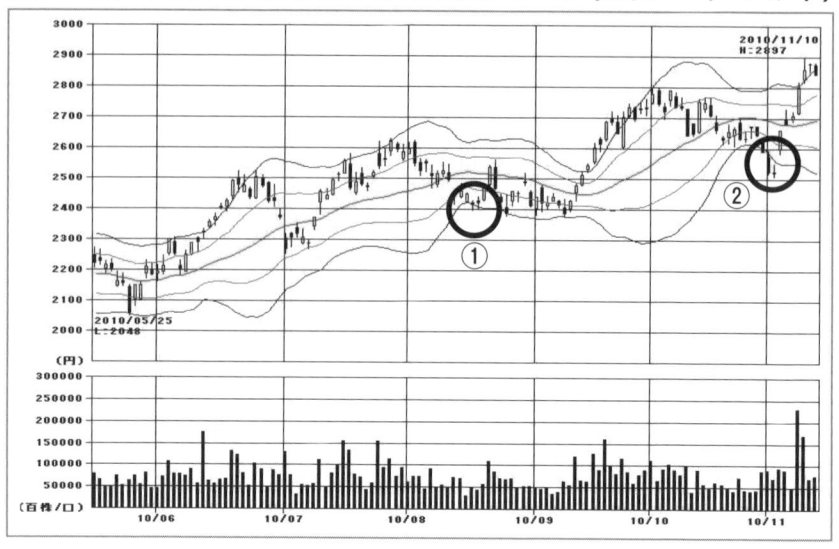

【図2-3】ソフトバンク（9984）の日足チャート（ボリンジャーバンド）

同じように押し目買いのポイントをうまくとらえています。

　この例にかぎっていえば、移動平均やRSIを使おうがボリンジャーバンドを使おうが、どちらも「押し目を買う」という**同じ目的をもって買いのポイントを決めている**ため、やろうとしていることはたいして変わらないのです。

　つまり、ここで言いたいのは、売買のアイデアを考える際に重要になるのは「どのテクニカル指標を使えばいいのか」というようにテクニカル指標ありきではなく、「どのようなタイミングで売買するのか」というようなコンセプト（目的）が先に来なければならないということです。

　テクニカル指標というのは単なる道具にすぎず、どの指標を使うのがいいのかは、結局のところ、思いついたアイデアを売買ルール化しやすいものを選べばいいだけのことなのです。

第3章
バックテストの実践と良いシステムの見分け方

01 バックテストの準備

　いよいよ第3章では、実際にバックテストを行いながら、売買ルールの作成方法やバックテスト結果の評価方法などについて解説します。

　なお、本章は自分自身でバックテストを行うことを前提とした解説ですので、バックテストにまったく興味がない（具体的な戦略だけに興味がある）という方は第4章からお読みいただいてもかまいません。

　自分自身でバックテストを行うには、市販の検証ソフトや Excel 等の表計算ソフトを使用するのが一般的です。ただ、Excel では多数の銘柄で同時にバックテストを行うのが困難なので、複数銘柄のバックテストを行う場合は、検証ソフトを利用するのがいいでしょう。

　各社からさまざまな検証ソフトが発売されていますので、そのなかからご自身の使いやすいものを選んでいただければ結構です。ただし、システムトレード用の検証ソフトであれば何でもいいというわけではなく、最低限必要な機能がありますので、ここでは「最低限これだけは必要」という機能を紹介しておきましょう。

❶資金管理機能

　資金管理機能とは、たとえば「運用資金300万円を5銘柄に分散して売買する」などのように、「運用資金の金額」や「どのように分散するか」などを指定してバックテストをすることができる機能です。

　なぜこのような機能が必要かというと、運用資金には限りがあるため、売買ルールを満たしたすべての銘柄を売買することはできないからです。

もちろん、すべての銘柄を売買した場合のバックテスト結果もそれはそれで必要なものですが、手持ちの運用資金を考慮したバックテストを行うほうがより実運用に近い結果を得ることができます。そういった意味でも資金管理機能は必須なのです。

❷マルチストラテジー機能

　マルチストラテジー（複数の戦略）というのは、その名前から想像できるとおり、複数の売買ルールを同時に運用した場合のバックテストができる機能のことです。

　たとえば、逆張り系の売買ルールと順張り系の売買ルールがあったとして、この2つの売買ルールを別々にバックテストすることは、たいていのソフトで可能です。

　しかし、私たちが実際にこれらの売買ルールで運用する場合には、順張りと逆張りの2つの売買ルールを「どのくらいの比率で運用するのか」、あるいは同じ日に同時に2つの売買ルールに合致した場合、「どちらのルールを優先するのか」といった判断を行わなければなりません。

　そのため、複数の売買ルールで同時に運用する場合には、それらのことも考慮に入れたバックテストを行う必要があるのです。そういった理由からもマルチストラテジーに対応したバックテスト機能は必須の機能といえます。

　他にもまだ必要な機能はありますが、「最低限必要」といえる機能に絞ると上記の2点でしょう。

　市販の検証ソフトに求められるそれ以外の要素としては、「操作性が良い」「サポートが充実している」「価格が安い」などがあげられますが、あとはご自身の好みで決めていただくのがいいでしょう。

02 シンプルな売買ルールのバックテスト

　ここからはバックテストの実践方法について、具体例を示しながら解説します。なお、本書でのバックテストには、フェアトレード社の『システムトレードの達人』という検証ソフトを使用しているため、他のソフトを使用する場合はバックテスト結果に若干の誤差が出る可能性があることをご了承ください。

　ご自身で検証ソフトをお持ちでない方は、本書の巻末にある付録を参照いただき、検証ソフトをインストールしておくことをおすすめします。

　実際にバックテストを行うためには、当然のことながら何らかの売買ルールが必要となりますので、はじめにサンプルとなる売買ルールから決めてしまうことにしましょう。

　ここではバックテストの実践方法について説明することが目的であるため、使用する売買ルールは何でもいいのですが、できるだけシンプルでそれなりに成績の良さそうなものが理想です。

　株価の動きというのは、短期で見るか長期で見るかでまったく正反対の傾向があります。

　たとえば数日〜数十日の短期間で見た場合、下げすぎた株価は一時的に反発（上昇）しやすい「逆張り有利」の傾向がありますが、もっと長い期間で見ると、下げすぎた株価はもっと下げる「順張り有利」の傾向があります。

　今回は、前者の逆張りに近い発想として、下記のような売買ルールのバックテストを行うことにしましょう。

■売買ルール

> ● **仕掛け(買い)ルール**
>
> 下記の条件を満たした場合、翌日の寄付き(始値)で買い
> - 終値が過去4日間で最小の終値を更新　かつ、
> - 平均売買代金(30日)が3000万円以上(※任意)
>
> ● **決済(売り)ルール**
>
> 下記の条件を満たした場合、翌日の寄付き(始値)で売り
> - 終値が過去4日間で最大の終値を更新

　これを具体的にチャートで表すと、次ページの**図3－1**のようになります。あくまでもバックテストの説明をするためのサンプルであるため、非常にシンプルですが、順張り系に属するブレイクアウトの売買ルールをひっくり返した(買いと売りを反対にした)ようなイメージでしょうか。

　仕掛けの条件に「平均売買代金(30日)が3000万円以上」というのが入っていますが、これはあまりにも取引量の少ない銘柄(直近30日間の「出来高×株価」が3000万円未満の銘柄)を売買の対象から外すためのものですので、任意に数値を変更していただいてかまいません。

　売買ルールとしては以上なのですが、バックテストを行うためには他にもいくつか決めなければならないことがあります。

　具体的には、「バックテスト対象とする市場(または銘柄)」、「売買コスト(手数料)」、「運用方法(主に資金管理)」などです。

　バックテスト対象とする市場については、東証一部だけにするのか、あるいは新興市場も含めてバックテストするのかということですが、場合によっては特定のセクター(業種)や銘柄群に絞ってもいいでしょう。

【図3-1】仕掛けと決済のルール

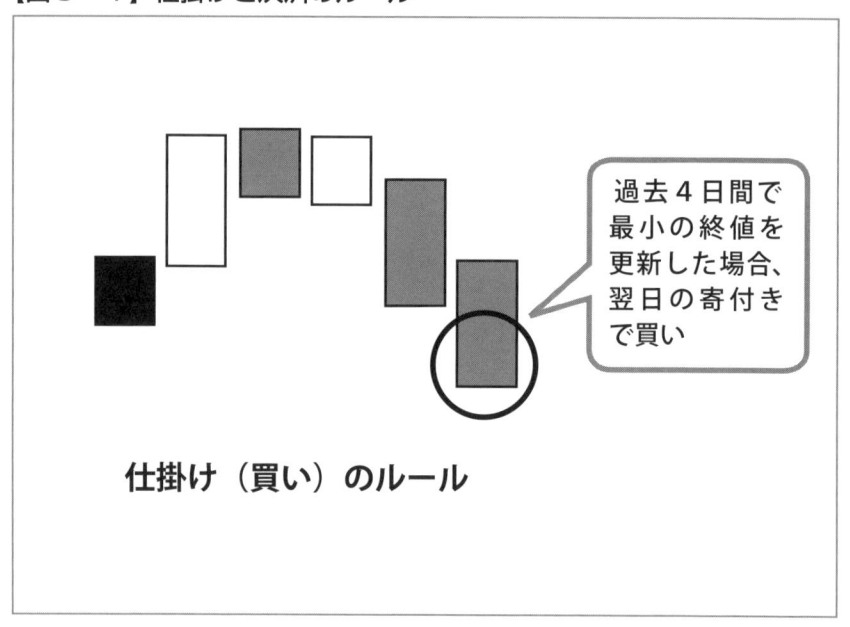

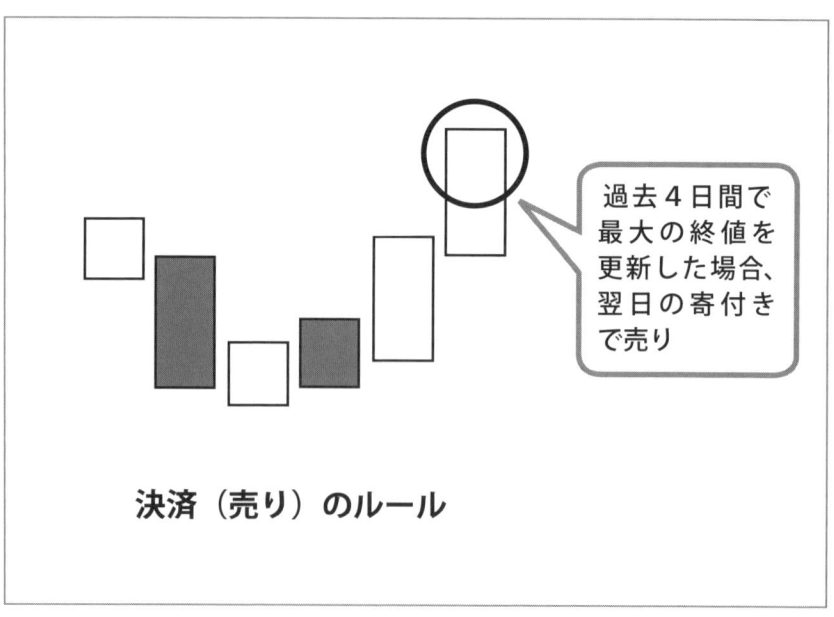

過去4日間で最小の終値を更新した場合、翌日の寄付きで買い

仕掛け（買い）のルール

過去4日間で最大の終値を更新した場合、翌日の寄付きで売り

決済（売り）のルール

また、実際に売買する場合には手数料等のコストが発生するため、バックテストでもコストを考慮しておく必要があります。

もっと厳密にいえば、証券会社に支払う手数料以外にもスリッページといったコストが発生することもありますが、これは手数料を多めに見積もっておけば大きな問題はないでしょう。

それよりも、バックテストを行うにあたってもっとも重要なのは「資金管理」と「仕掛ける（買い付ける）際の優先順位」（以下、「優先順位」と表記）です。

ここでいう資金管理とは、「運用資金をどのくらいに分散して仕掛けるか」ということと、「単利で運用するか、複利で運用するか」ということを表します。

また、優先順位とは、同じ日に複数の銘柄が買いの条件に合致した場合、「どのような銘柄を優先して仕掛けるか」ということです。

資金管理と優先順位についてはバックテストの成績を大きく左右するため、もっとも重要な項目といえます。

まずは、下記のような設定でバックテストを行うことにしましょう。

■バックテストの詳細設定

バックテスト期間	1990年3月1日〜2008年12月31日
バックテスト対象	東証一部の貸借銘柄のみ
手数料（往復）	1000円
初期の運用資金	300万円
資金の配分方法	運用資金を5銘柄に分散
運用方法	単利運用（常時元本を固定）
優先順位	終値と5日移動平均の乖離率（昇順）

バックテストの期間は1990年3月1日〜2008年12月31日の約19年間で、バックテストの対象は東証一部の貸借銘柄のみとしました。

　このなかであえて説明が必要なのは「資金の配分方法」と「優先順位」でしょうか。

　資金の配分方法は「運用資金を5銘柄に分散」となっていますが、これは**1銘柄あたりに投資する資金を運用資金の5分の1までにする**という意味です。したがって、現在の運用資金が100万円であれば、1銘柄あたり最大20万円以内までしか買い付けないということになります（必ずしも5銘柄しか買い付けないという意味ではないことに注意）。

　また、優先順位は「終値と5日移動平均の乖離率（昇順）」となっており、少々わかりづらいかもしれませんが、要約すると**下落率が大きい順**（5日移動平均からのマイナス乖離が大きい順）に買い付けることを意味しています。つまり、同じ日にたくさんの銘柄が買いの条件に合致した場合は、下落率の大きい順に資金のあるかぎり買い付けていくことになるわけです。

　この設定に従ってバックテストを行った結果が**図3−2**になります。次節ではこのバックテストの結果を確認しながら考察を行っていくことにします。

【図3-2】バックテスト結果

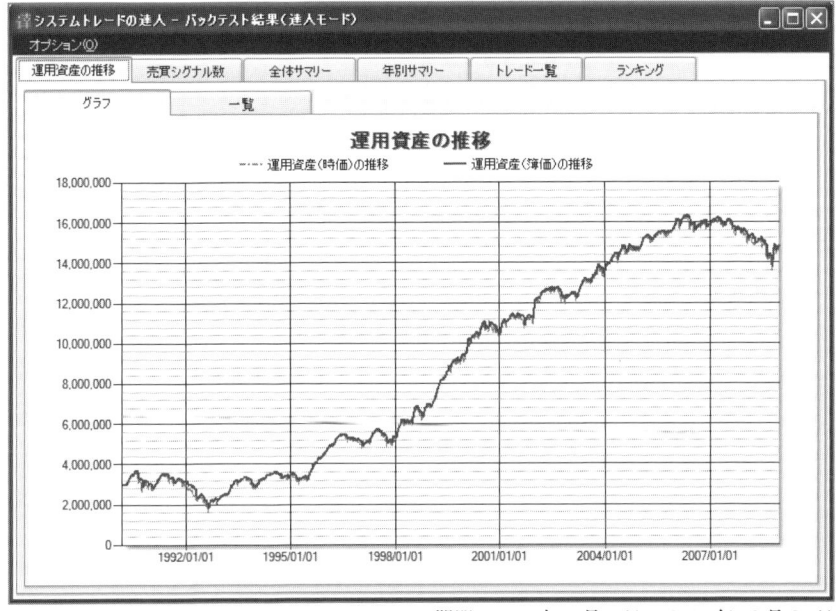

バックテスト期間：1990年3月1日～2008年12月31日

勝率：59.93 %
勝ち数：3,236 回　負け数：2,164 回
平均損益（率）：0.61 %
平均利益（率）：5.68 %　平均損失（率）：－6.96 %
合計損益（円）：11,756,077 円

最大連勝回数：27 回　最大連敗回数：17 回
最大ドローダウン：2,714,145 円（2008/10/10）
PF：1.336
平均保持日数：11.31 日

03 バックテストの成績を評価する

　システムトレードにおいて、バックテスト結果の評価は避けて通ることのできない重要なものです。
　資産曲線がきれいな右肩上がりで大きなブレもなければ誰が見ても「これは使える売買ルールだ」とわかりますが、実際にはそんなに簡単に良い売買ルールは見つかりません。そのため、売買ルールのどこに欠点があるかを分析しながら何度もバックテストを繰り返して改善を重ねていく必要があるのです。

　早速、前ページの**図3－2**をご覧いただきながらバックテスト結果の評価を行っていきましょう。本来であれば、バックテストの結果から得られる情報はもっとたくさんあるのですが、ここでは勝率や最大ドローダウンなど、ある程度、一般的なものだけに絞っています。
　まずバックテスト結果のなかで最初に見ていただきたいのは資産曲線のグラフです。
　グラフであれば視覚的にバックテストの結果を確認することができるので、細かい数字が苦手という方でも「どのくらい利益が出たか」、あるいは「どのくらいの資産の凹み（ドローダウン）があったか」などを簡単に確認することができます。
　このグラフを見ると、ある程度は右肩上がりになっているため、一見して「そこそこ使える売買ルール」という印象でしょうか。ただし、細かく見ていくと1992年や2007～08年あたりはやや大きなドローダウンがあることがわかります。

グラフで見るかぎりは気にするほどのドローダウンに見えないという方もいるかもしれませんが、たとえば2007～08年の後半などは1年以上もかけて資産が減っているため、実際に自分の資金を運用していたら精神的にはとても耐えられないのではないでしょうか。

グラフ以外の項目を見ていくと、勝率、平均損益率などさまざまなものが並んでいますが、まずはそれぞれの項目について簡単に解説しておきましょう。

●勝率
全トレードにおける勝ちトレードの割合。
勝ち数÷（勝ち数＋負け数）×100（％）で表記する。
●勝ち数
勝ちトレードの数。
●負け数
負けトレードの数。
●平均損益（率）
1トレードあたりにどのくらいの利益（損失）が出たかを％で表記したもの。勝ちトレードも負けトレードもすべて含めた平均値であるため、この値がプラスであれば過去に利益が出たルール、マイナスであれば損失が出たルールということになる。
●平均利益（率）
勝ちトレードにおいて、1トレードあたりにどのくらいの利益が出たかを％で表記したもの。勝ちトレードのみの平均値であるため、勝った場合の利益の大きさを知るために使用する。

- 平均損失（率）

  負けトレードにおいて、1トレードあたりにどのくらいの損失が出たかを％で表記したもの。負けトレードのみの平均値であるため、負けた場合の損失の大きさを知るために使用する。

- 合計損益（円）

  全トレードの利益と損失を合計したトータルの損益額。「最終損益」「累計損益」ともいう。この値がプラスであれば過去に利益が出たルール、マイナスであれば損失が出たルールということになる。

- 最大連勝回数

  最大で何連勝したかを表す値。

- 最大連敗回数

  最大で何連敗したかを表す値。

- 最大ドローダウン

  資産がピークからどれだけ減少したかを表す値を「ドローダウン」というが、そのドローダウンのなかで期間中最大のもの。

- PF（プロフィットファクター）

  総利益（合計利益）を総損失（合計損失）で割った値。この値が1を超えていれば利益が出ていたことになり、一般的には値が大きいほど良いとされる。

- 平均保持日数

  トレードを仕掛けてから決済するまでにかかった日数を平均したもの。1トレードあたり何日間程度で勝負がつくかの目安となる。

　これらの項目も含めてバックテストの結果を評価する項目にはさまざまなものがありますが、じつは本当に注目すべきものはそれほど多くありません。

あえて、もっとも重要な項目をあげるのであれば「最大ドローダウン」ということになりますが、この最大ドローダウンは資産曲線グラフを見ればおよその数値はわかります。

また、前述の項目にはありませんが、最大ドローダウンからの回復にかかった期間を表す「最長回復日数」でさえも資産曲線グラフで判断することができるのです。

そういった意味では、バックテスト結果でもっとも注目すべきものは**資産曲線グラフの形そのもの**といえるのではないでしょうか。

今回のバックテスト結果では、最大ドローダウンが約271万円と大きいものの、資産曲線がある程度右肩上がりであるため、もう少し改善すれば実用に耐えうるルールになる可能性はありそうです。

すでにシステムトレードを実践されている方のなかには勝率やPFを重視する方もいらっしゃるようですが、これらはどちらかというと実用性よりも精神的な要因でしかないと私は考えます。したがって、私自身はあまり重要視していません。

たとえば極端な話をすると、負けトレードに対して勝ちトレードの利益が圧倒的に大きければ、勝率30％でもトータルで利益をあげることは可能なわけです。とはいえ、実際に3割しか勝てないというのは精神的に辛いので、「勝率は50％程度あればよし」というくらいに考える程度でしょうか。

その他の項目についても同様です。今回のバックテスト結果では、勝率59.93％、平均損益0.61％…など、見るべき項目はたくさんありそうですが、結局のところ、**最終的にどれだけ利益が出たか**がわかればいいのであって、それらはすべて資産曲線グラフに集約されているのです。

資産曲線のグラフさえ見ておけば、あとはどうでもいいと言い切ってしまうのは少々乱暴ですので、少しだけ補足しておきましょう。

　バックテストにおいて、ある程度信頼のおける結果と判断するためには、売買回数（トレード回数）が多いほうが望ましいといえます。最終的な利益が同じであるなら、売買回数が10回しかないものよりも当然、1000回あるもののほうが検証結果としての信頼性が高いからです。

　どのくらいの売買回数があればいいかというのは、明確な基準がないため非常に難しいのですが、私の場合は少なくとも300～500回程度は欲しいと考えています。

　今回、バックテストを行った売買ルールでは、軽く5000回を超える売買回数があるため、検証結果の信頼性という意味では十分要件を満たしているといえます。

　売買回数が多いということは短期売買になることが多いため、必然的に平均損益は小さく、平均保持日数は短くなる傾向があります。

　これらを踏まえたうえで理想の売買ルールをまとめると、最終的には下記のようになるでしょうか。

- **資産曲線が右肩上がりであること**
- **ドローダウンが小さいこと**
- **ドローダウンからの回復期間が短いこと**
- **売買回数が多いこと**

04 パラメータの最適化

　売買ルールの成績を改善するための方法にはいろいろありますが、もっとも手っ取り早いのは「パラメータ(閾値)」を変えながら調整していくことでしょうか。

　パラメータというのは、「●日間の高値を更新したら買い」とか、「高値から●％下落したら買い」などで使用されている「●」の部分の値を指します。この値を少しずつ変更しながらバックテストの成績を改善(最適化)していくわけです。

　ただし、がむしゃらにパラメータを変更して最適化をすればいいというわけではなく、多少はコツのようなものがあります。それを説明するために、次ページの**図3-3**をご覧ください。

　この図は最適化をするときのポイントについてまとめたもので、パラメータを変えながらバックテストを行った結果だと考えてください。

　縦軸はバックテスト結果における利益(ここでは合計損益と考えて差し支えありません)、横軸はバックテスト時に設定したパラメータを表しています。

　この図のなかでもっとも利益が大きかったのは、パラメータを「9」にしたときです。したがって、単純に考えれば、そのまま9を選んでもよさそうなものですが、これはあまりおすすめできません。

　なぜなら、パラメータを「8」あるいは「10」のように1つ変化させただけで大きく成績が変わってしまうような場合には、「9」の成績に偶然性が疑われるからです。

【図3-3】最適化のポイント

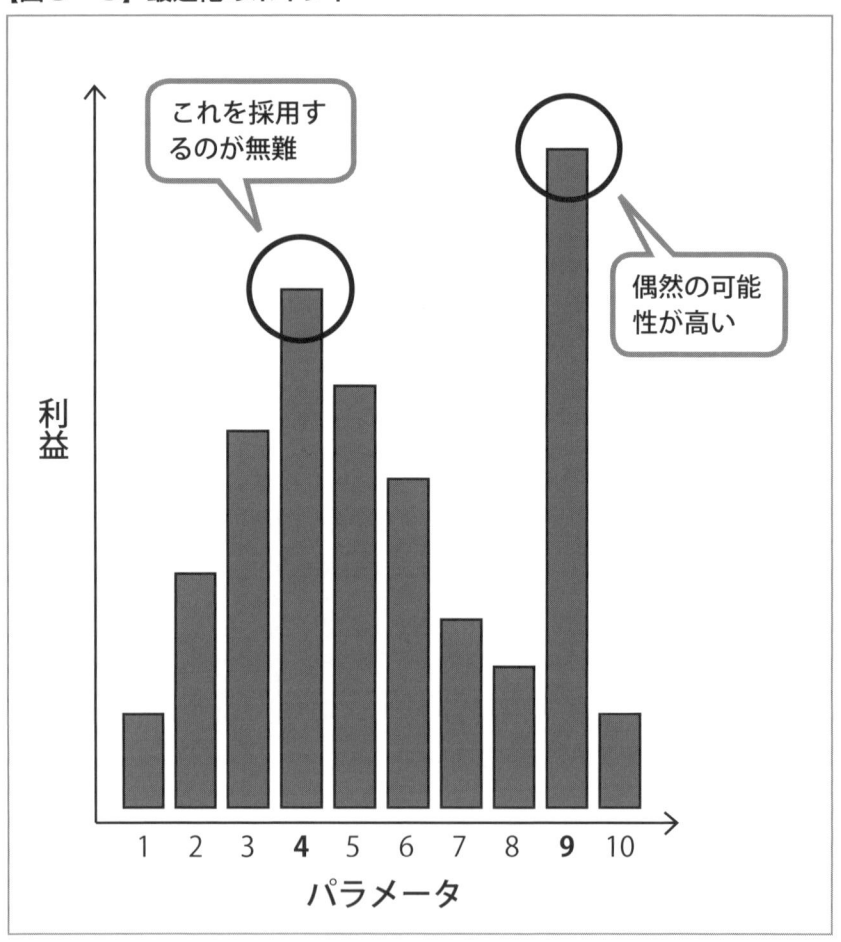

これを採用するのが無難

偶然の可能性が高い

利益

1　2　3　**4**　5　6　7　8　**9**　10
パラメータ

　バックテストによる成績が偶然だということは、実際に売買を行った場合に同じ結果が得られる可能性（再現性）は低いことになります。
　このように、バックテストの成績が良くなるように再現性の低い最適化を行うことを一般に「カーブフィッティング（またはオーバーフィッティング）」と呼びます。

このカーブフィッティングを避けるためには、図中の「4」のパラメータを採用するのがもっとも安全でしょう。

バックテストというものは、あくまでもそのルールが過去の相場で有効であったかどうかを分析する作業であり、**必ず何割かは偶然が含まれている**と考えるべきです。この場合、4を選択しておけば、将来の相場において有効なパラメータが多少ずれたとしても、それほど酷い成績にはならないと考えることができるわけです。

この例では利益を最適化することを前提としていますが、本来は利益だけで判断するのではなく、ドローダウンの大きさなども確認して総合的に判断したほうがいいでしょう。

これらのポイントを踏まえて、バックテストを行った売買ルールを最適化してみることにしましょう。

まず、もう一度売買ルールを確認しておくと下記のようになります。

■売買ルール（再掲載）

●仕掛け（買い）ルール

下記の条件を満たした場合、翌日の寄付き（始値）で買い

・終値が過去4日間で最小の終値を更新　かつ、

・平均売買代金（30日）が3000万円以上（※任意）

●決済（売り）ルール

下記の条件を満たした場合、翌日の寄付き（始値）で売り

・終値が過去4日間で最大の終値を更新

ここでは、太字で書かれている「終値が過去4日間で最大の終値を更新」の部分、つまり、日数の「4」の部分を最適化してみることにします。

　図3－4～図3－8は、決済のルールに使用されている日数のパラメータを変化させてバックテストを行った結果です（資産曲線グラフのみ）。
　これらの図を見ると、トータルの利益だけをとれば**図3－4**（日数が2のとき）が優れていますが、2006年あたりをピークに資産が減少しています。
　どれを選ぶのが正しいという絶対的な答えが存在するわけではありませんが、さすがに直近の成績が悪いものをあえて採用する理由はないでしょう。もしも自分の資金を使って運用するのであれば、少々トータルの利益が劣っていたとしても、安定性の優れているものを選ぶという方が多いのではないでしょうか。
　そういった意味では、あきらかに**図3－7**（日数が5のとき）に分があるといえます。
　また、パラメータである日数を少しずつ変化させていく過程で資産曲線の形も自然な変化（極端な変化ではない）をしていますので、カーブフィッティングの恐れも少ないと判断できます。
　最終的にどの値が良いかというのを判断するには、多少のセンスや好みの問題もありますが、少なくともカーブフィッティングの可能性がないかどうかだけは注意深く検討することをおすすめします。

【図3-4】決済ルール：終値が過去2日間で最大の終値を更新

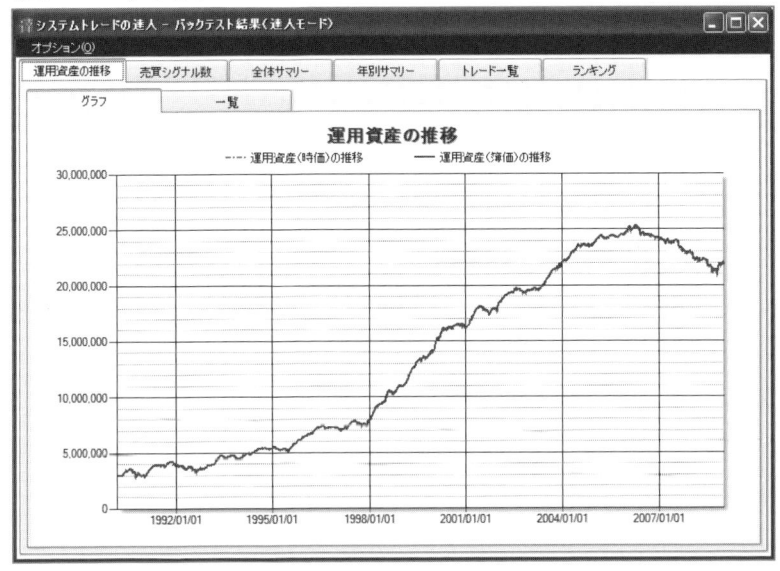

【図3-5】決済ルール：終値が過去3日間で最大の終値を更新

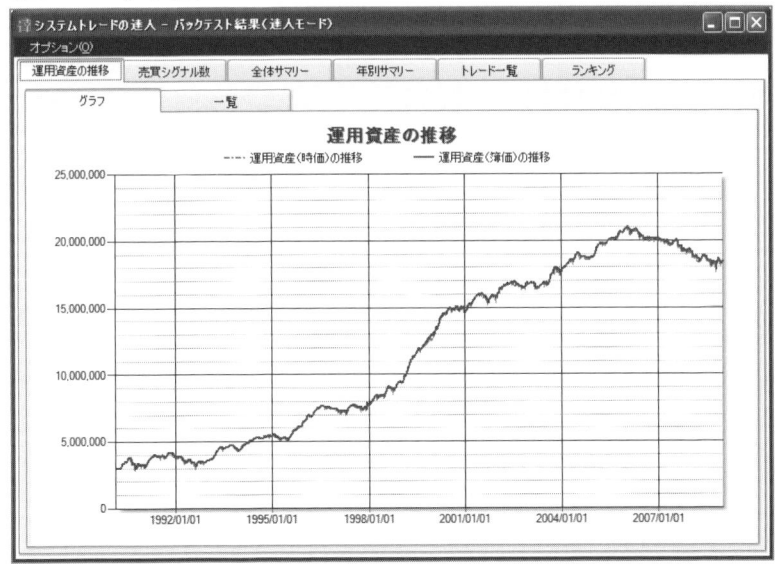

【図３－６】決済ルール：終値が過去４日間で最大の終値を更新

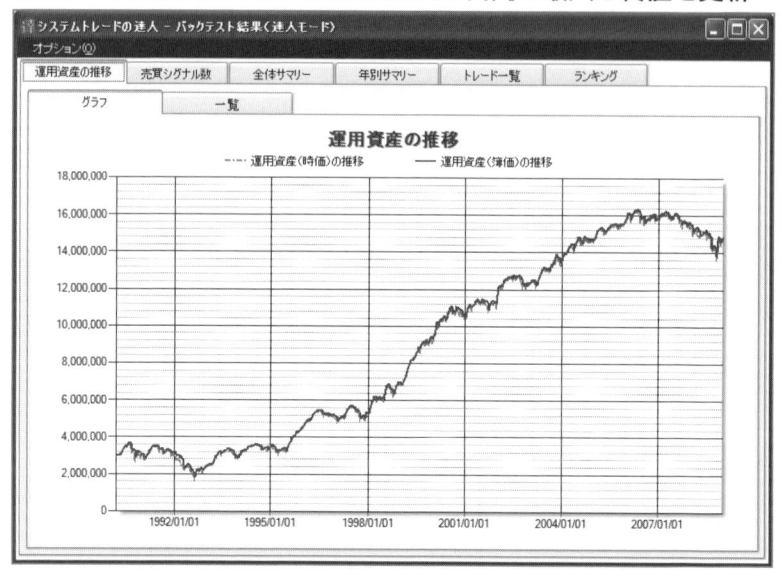

【図３－７】決済ルール：終値が過去５日間で最大の終値を更新

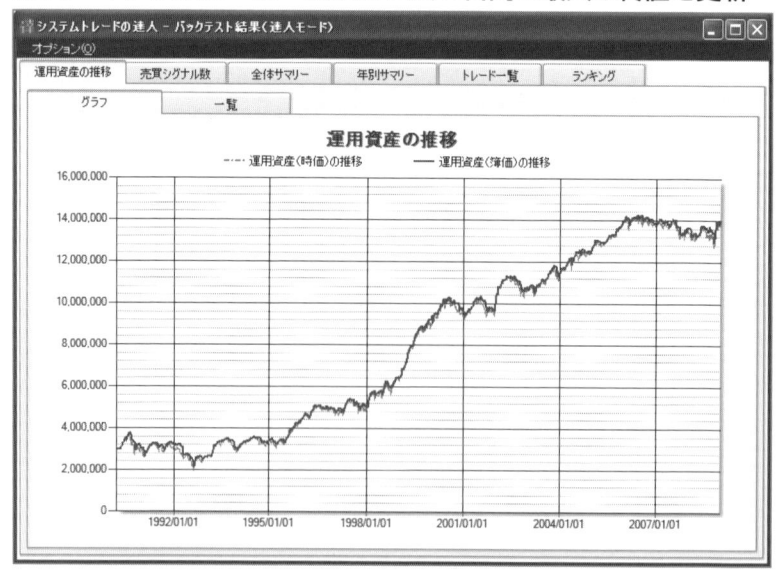

【図３−８】決済ルール：終値が過去６日間で最大の終値を更新

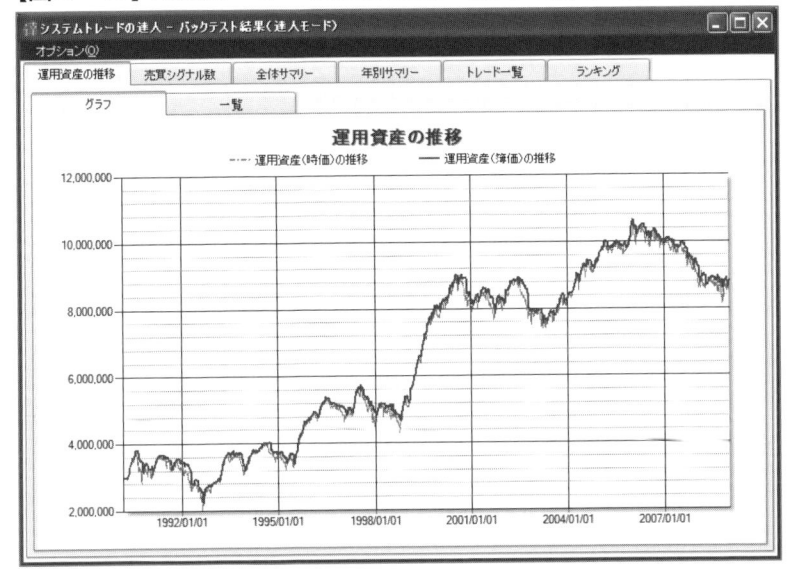

05 バックテストを効率的に行うには？

　バックテストは非常に時間のかかる作業であり、パラメータを1、2、3………と少しずつ変えながらバックテストを行うのはあまり効率的なやり方とはいえません。大切な時間を節約しながらバックテストを行うためには、最初は大雑把に値を変えていき、ある程度良い値に絞り込んでから細かくテストするのがポイントです。

　たとえば、5、10、15、20…くらいの間隔でバックテストを行い、10～15くらいの値が良さそうだと判断すれば、今度は11、12、13…というようにバックテストを行います。また、最初にある程度バックテストを行った段階で見切りをつけるというのもポイントになります。

　パラメータを大雑把に何段階か変化させても成績が悪い場合、その売買ルールは根本的に使えないと考えたほうがいいでしょう。使えない売買ルールを一生懸命になって最適化するよりも、もう一度アイデアの段階から考え直したほうが、結果的に、はるかに短い期間で売買ルールを完成させることができるはずです。

　余談ですが、バックテストを行っていて、資産曲線が右肩下がりのひどく成績の悪い結果が出たら儲けものです。なぜなら、この売買ルールの買いと売りを逆にすれば、資産曲線が右肩上がりの売買ルールになるからです（ただし、手数料負けによって成績が悪い場合は除く）。

　もっとも、ほとんどの場合は極端に良くも悪くもない成績になるのが普通であり、良いルールを探すのと同様、悪いルールを探すのも簡単なことではありませんが…。

06 フォワードテストをしよう

　第1章でも簡単に解説しましたが、フォワードテストというのは、「売買ルールが将来も有効に機能する可能性が高いかどうかを確認する作業」のことをいいます。「バックテストで良い成績だったのだから将来も有効に機能するだろう」というのはもっともな意見ですが、もう少し慎重に検討する必要があります。

　バックテストはあくまでも過去データで検証しているだけです。すなわち、未来も同じ成績が再現されることを保証するものではありません。かといって、厳密には将来の再現性を保証することなど不可能でしょう。

　しかし、確実な保証とまではいかないまでも、「今後もこの売買ルールは使える可能性が高いだろう」という確信を得るためにフォワードテストを実施する意味があるのです。

　フォワードテストの例として、もっとも一般的な方法は「未来のデータを用意してバックテストを行う」ことです。

　もちろん、まだ訪れていない未来のデータを用意できるはずがありませんので、実際には「未来に見立てたデータ」でバックテストすることになります。

　未来に見立てたデータといっても、仮想のデータを手作りするというわけではなく、バックテストに使うデータの一部を未来のデータとして代替使用します。

　たとえば過去20年分のデータを持っていたとすれば、最初に前半18年分のデータで通常のバックテストを行い、最後に残り2年分のデータ

を未来に見立ててバックテストを行うという方法をとります。このときの「最後に残り2年分のデータでバックテストを行う」という作業がフォワードテストにあたるわけです。

　もう少し具体的に説明するため、実際にフォワードテストを実施してみることにしましょう。

　図3－7（再掲載）は、先ほどパラメータの最適化をするために実施したバックテストのなかで、もっとも成績が安定していると判断したものです。

　本書の執筆時点では、1990年3月1日〜2010年11月16日までのデータを保有していますが、じつはこのときのバックテストは2008年末までの期間でしか行っていません。つまり、意図的に残り2年間弱のデータを残してバックテストをしたわけです。

　そこで、フォワードテストとして、まだバックテストを実施していない2009年以降のデータも含めたすべての期間でバックテストを行ってみることにします。

　62ページの**図3－9**は、1990年3月1日〜2010年11月16日までの全期間でバックテストを行ったものです（資産曲線グラフのみ）。

　バックテスト結果の資産曲線を見ると、2009年以降もおおむね利益が出ていることがわかります。つまり、この結果を見るかぎりでは、**「この売買ルールは（仮想の）未来においても有効に機能している」**と判断できるわけです。

　反対に、もしも2009年以降の成績が極端に悪化しているようであれば、「この売買ルールは未来において有効に機能しない」と判断する必要があるかもしれません。

【図3-7】（再掲載）バックテスト結果

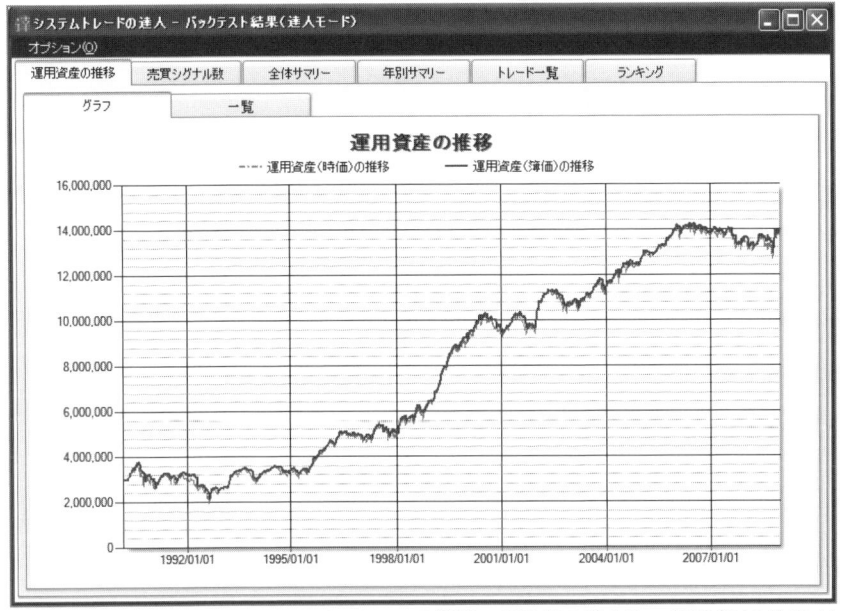

バックテスト期間：1990年3月1日～2008年12月31日

　今回のフォワードテストでは、過去21年間のデータのうち、最後の2年程度をフォワードテスト用として使用しましたが、人によっては1年だったり5年だったりします。どの程度の期間をフォワードテストにあてればいいかという決まりがあるわけではないのですが、私の個人的な意見では、あまり短すぎないほうがいいと考えています。

　その理由は、もともと1年くらいはマイナス（損失）で終わる年があるのはめずらしいことではないため、最後の1年がマイナスであったからといって、今後もその傾向が続くと判断するのは早すぎると考えているからです。

　このようなことを踏まえると、フォワードテストにあてる妥当な期間としては2年ないしは3年くらいあってもいいのではないでしょうか。

【図3-9】フォワードテストを含めたバックテスト結果

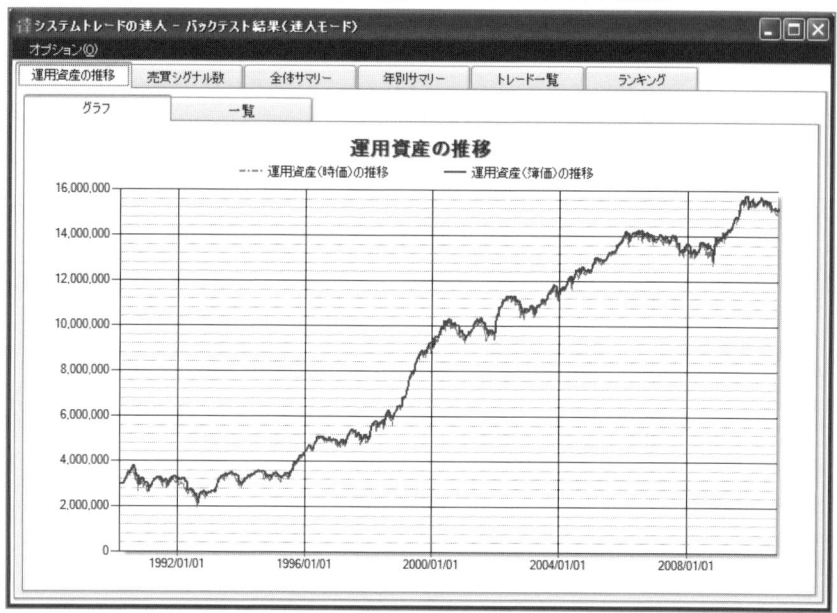

バックテスト期間：1990年3月1日～2010年11月16日

　なお、誤解のないように補足しておくと、フォワードテストという作業は必ずしも未来を想定したデータでバックテストを実施することそのものを指すわけではありません。あくまでも、「売買ルールが将来においても有効に機能する可能性が高いかどうかを確認すること」をフォワードテストといいます。

　本書では、ごく一般的に用いられている方法でフォワードテストを行いましたが、もっと確実性の高い（といわれる）高度な方法もありますので、興味がある方はさらにご自身で調べてみることをおすすめします。

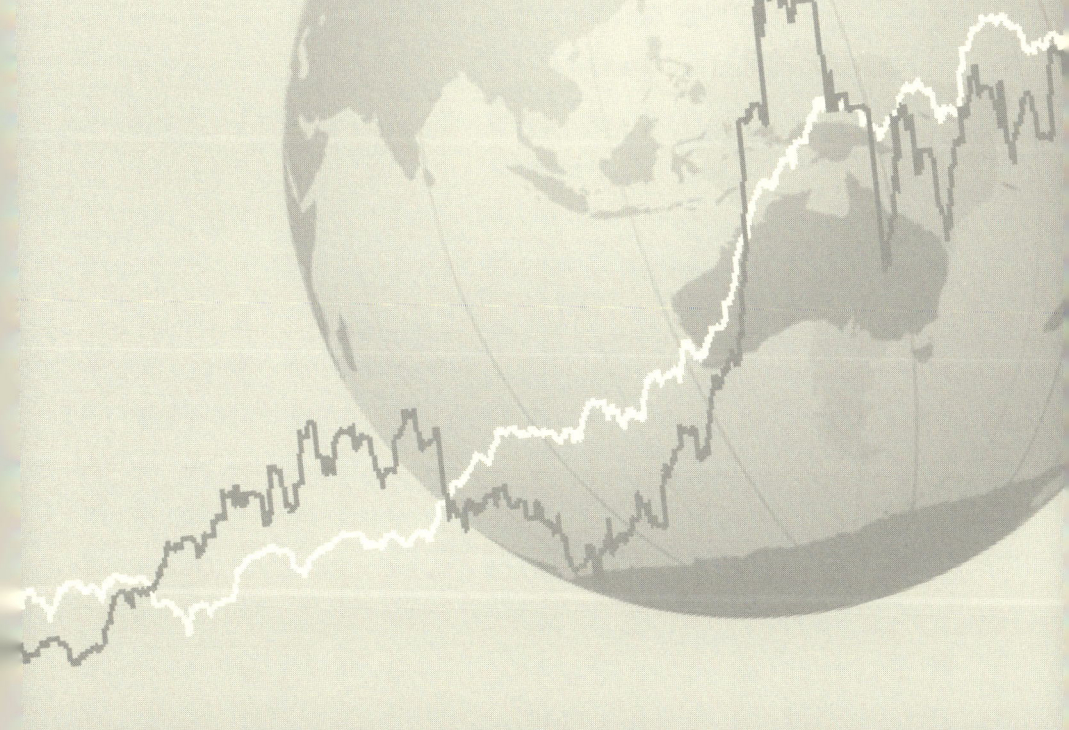

第4章 シンプルな3つの売買ルール

01 さまざまなタイプの売買ルール

　第3章まではやや理論的な話が中心でしたが、この第4章では具体的な売買ルールを取り上げながら、それぞれの特徴について解説します。

　とはいえ、ここで取り上げる売買ルールは、あくまでもどのような売買ルールが存在するのかを体系的に説明することを目的としているため、必ずしもそのままで実運用に耐えられるものではありません。

　売買ルールのパフォーマンスを向上させるテクニックについては、この後の第5章以降で解説していきますので、本章では基本的な売買ルールだけを取り上げています。

　売買ルールを作成するうえで、もっとも一般的に用いられている方法はテクニカル指標の組み合わせではないでしょうか。

　テクニカル指標にはかなりの種類があることから、それらの組み合わせで作ることのできる売買ルールも相当な数にのぼるのではないかと考えそうですが、じつはそれほど多くの種類があるわけではありません。

　細部の違いはともかくとして、大まかなパターンに分けるとほんの数種類しか存在しないといってもいいくらいです。

　たとえば、**図4－1**のように株価が下落しているところを買うのであれば、テクニカル指標として「移動平均からの乖離率」を使おうが、「RSI」を使おうが、大きな意味ではどちらも同じ「逆張り」の売買ルールになります。

　このような大きなパターンに分けてみると、おおむね次のようなものに分類できます。

【図4-1】逆張り

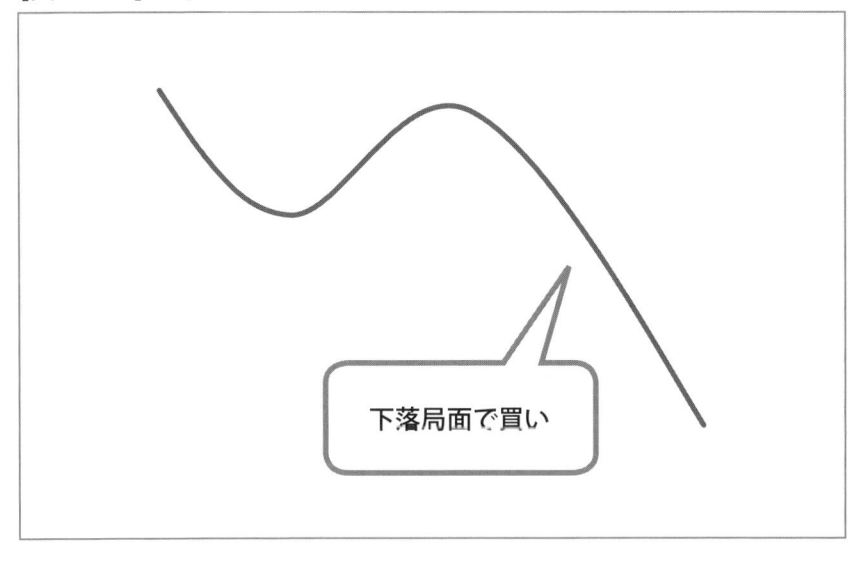

下落局面で買い

【図4-2】順張り

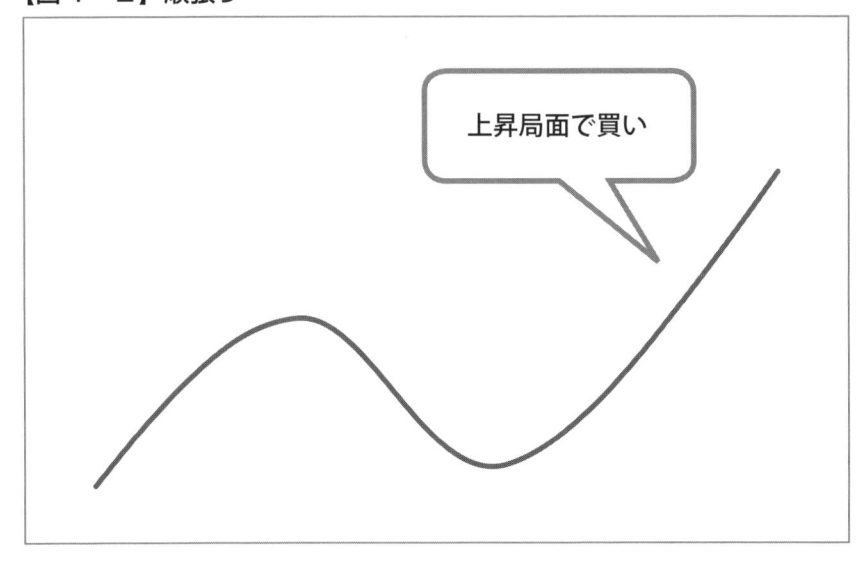

上昇局面で買い

【図4-3】押し目買い（売りの場合は「戻り売り」）

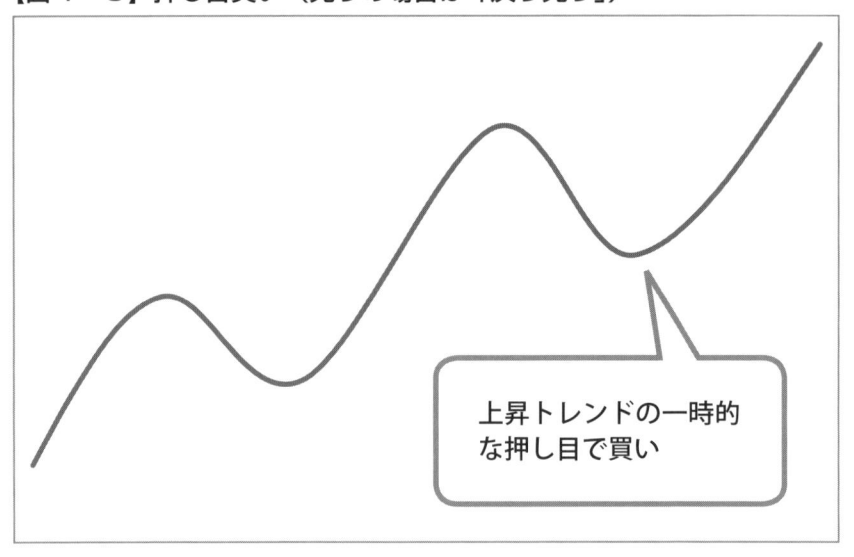

（図中：上昇トレンドの一時的な押し目で買い）

　逆張りとは反対に、**図4-2**（前ページ）のような株価の上昇局面で買う方法が「順張り」です。一見して逆張りとは相反する方法にも見えますが、実際には正反対の方法というわけではありません。

　逆張りは短期間で急激に下落した局面で買うことが多いのに対し、順張りはどちらかというと長期間にわたって緩やかな上昇トレンドを描いている局面で買いを入れる傾向にあります。

　これは統計的に見て「短期では逆張りが有利、長期では順張りが有利」という原理に基づいています。

　そして、その両方の原理を利用したものが、**図4-3**のような「押し目買い」（売りの場合は「戻り売り」）といえるでしょう。

　この押し目買いは、長期では上昇トレンドにある銘柄が一時的に下落したところを買い付けるという、逆張りと順張りの良いところを組み合わせたような方法といえるかもしれません。

もっとも、良いことばかりの売買ルールというのはなかなかないもので、それぞれどの方法にも欠点はあります。
　たとえば、逆張りの場合は買い付けてから一方的に下落し続けるようなパターンに弱いという欠点があり、順張りは高値で買い付けることになるため、買った後に下落する（ダマシに遭う）ことも多く、勝率は低めになります。
　一方、押し目買いには欠点がなさそうに思えますが、押し目をつけずにそのまま株価が上昇してしまった場合には、買いのチャンスを逃すことになります。いわゆる「機会損失」というものです。
　このような理由からも、それぞれの特徴を理解したうえで、どのタイプの売買ルールを使うか（あるいは組み合わせるのか）を決めるといいのではないでしょうか。

　また、前述した3つのどれにも属さないものとしては、特定の株価パターンを利用したものなどもあります。
　単純な例では、「ローソク足の陰線が3本続いたら買い」とか、「つつみ足が出たら買い」などのように、数日間の株価が一定のパターンを示したときに売買を行う方法です。
　この方法は単独で使用する場合もありますが、どちらかといえば順張りや逆張りのルールに補助的に組み合わせて使用することが多いかもしれません。

　本章では、前述したタイプに属する3つの売買ルールを紹介していきますので、バックテストの結果を確認しながら、それぞれの売買ルールに、どのような特徴があるかを意識して見ていただければよいでしょう。

02 売買ルール①
逆張り型の売買ルール

　最初に紹介する売買ルールは、短期間で急落した銘柄を狙って買いを仕掛ける「逆張り型」の売買ルールです。

　この売買ルールは、短期間で急落した銘柄の一時的なリバウンドを取りにいくことを目的としています。仕掛けは買いのみで、カラ売りは行いません。

　逆張り系の売買ルール全般にいえることですが、いったん大きく下落した銘柄が下落前の株価に戻る可能性は低いため、大きな利益は狙わずにわずかな利幅を取ることに徹します。

　逆張り型の売買ルールの詳細は下記のとおりです。

■逆張り型の売買ルール

> ●仕掛け（買い）ルール
>
> 　下記の条件を満たした場合、翌日の寄付き（始値）で買い
> - 終値と移動平均（5日）の乖離率が-10％以下　かつ、
> - 平均売買代金（30日）が3000万円以上（※任意）
>
> ●決済（売り）ルール
>
> 　下記の条件を満たした場合、翌日の寄付き（始値）で売り
> - 終値と移動平均（5日）の乖離率が0％以上　または、
> - 仕掛けた日から10日間以上が経過（休日を含む）

この売買ルールは非常にシンプルで、5日移動平均のみを使って仕掛けの判定を行っているのが特徴です（平均売買代金の条件は任意で変更していただいてかまいません）。

　「終値と移動平均（5日）の乖離率が−10％以下」という表現は少々わかりづらいかもしれませんが、終値が5日移動平均と比べて10％以上の下落をしていれば買いの条件を満たしたことになります。

　また、決済（売り）の条件は「終値と移動平均（5日）の乖離率が0％以上」となっていますので、終値が5日移動平均と同じか上抜けたら売りです。

　しかしこの条件だと、いったんはリバウンドするか、少なくとも下げ止まらないかぎりは決済の条件を満たしません。そのため、塩漬けになるのを防止するための安全装置として、仕掛けた日から10日間以上が経過したら強制的に決済するという条件をつけています。

　図4−4は「シップヘルスケアHD（3360）」の日足チャートです。このチャートを使って説明すると、①の2010年10月22日に5日移動平均からのマイナス乖離が10％を超えたため、翌営業日の10月25日の寄付きで買い仕掛けを行っています。

　この例では、運良く買い付けてからすぐにリバウンドしたため、②の10月26日には終値が5日移動平均を超え、決済の条件を満たしたので、10月27日の寄付きで売り決済ということになります。

　もちろん、このようにいつも利益を確定できるわけではなく、損失で終わる場合もありますが、システムトレードにおいては長期的に利益が出るかどうかが重要です。

　そこで、バックテストの結果を見てから売買ルールの評価をすることにしましょう。

【図4-4】シップヘルスケアHD（3360）の日足チャート

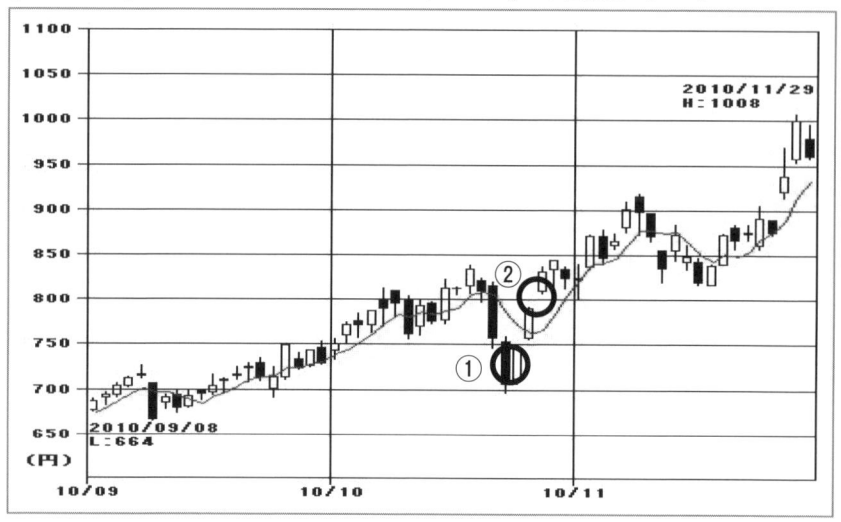

　図4-5は、次のバックテストの詳細設定に従い、短期逆張り型の売買ルールをバックテストした結果となっています。また、バックテストの結果を年別にまとめたものが73ページの図4-6です。

■バックテストの詳細設定

バックテスト期間	1990年3月1日～2010年11月16日
バックテスト対象	東証、大証、名証、ジャスダック（旧ヘラクレス含む）の全銘柄
手数料（往復）	1000円
初期の運用資金	300万円
資金の配分方法	運用資金を5銘柄に分散
運用方法	単利運用（常時元本を固定）
優先順位	終値と5日移動平均の乖離率（昇順）

【図4-5】バックテスト結果(全体)

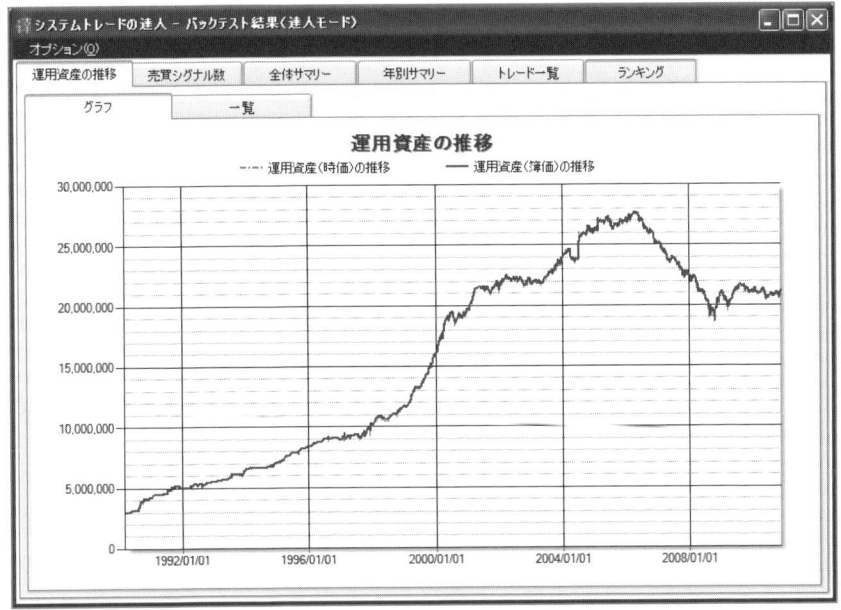

バックテスト期間:1990年3月1日〜2010年11月16日

勝率:57.57％
勝ち数:2,308回　負け数:1,701回
平均損益(率):1.48％
平均利益(率):12.33％　平均損失(率):－13.22％
合計損益(円):18,210,802円

最大連勝回数:19回　最大連敗回数:14回
最大ドローダウン:9,199,422円(2008/10/10)
PF:1.279
平均保持日数:6.95日

バックテスト結果を見ると、最終的な損益（合計損益）は約 1820 万円となっており、元本を固定した単利運用にもかかわらず、それなりの利益が出ています。

　しかし、安定性はどうでしょうか。資産曲線グラフを見るかぎり、2006 年までは一貫して利益を出し続けていますが、それ以降の 2008 年後半までは損失が続いています。最大ドローダウンの値を見ても、約 920 万円という大きな金額になっていることがわかります。

　トータルで 1800 万円ほどの利益に対して 900 万円を超えるドローダウンというのはとても許容できる金額ではないでしょう。

　たしかに 2006 年以降は相当に厳しい下落相場だったため、その影響も少なからずありそうですが、もっと悲観的に考えた場合、最近になるほどエッジ（優位性）が薄れているという見方もできるかもしれません。

　売買ルールをこのまま使用するには問題がありそうですが、長期の損益はある程度の右肩上がりになっているため、「短期間で大きく下落した銘柄を買う」という考え方そのものは正しそうです。

　このルールをベースにして何らかのフィルターなどを追加すれば、もっとパフォーマンスを向上させる余地があるのではないでしょうか。

　今回は基本的な逆張りの特徴を理解していただくために、もっともシンプルなルールを例に用いましたが、さらにパフォーマンスを向上させる方法については第 5 章で解説していきます。

【図4-6】バックテスト結果（年別）

年	利回り（時価）	勝率	平均損益（率）	合計損益（円）
1990	42.43%	74.24%	4.77%	1,245,890 円
1991	17.54%	73.68%	3.56%	776,640 円
1992	9.69%	62.82%	1.66%	486,800 円
1993	17.92%	76.27%	3.95%	879,475 円
1994	9.18%	62.50%	3.92%	704,655 円
1995	18.61%	73.33%	4.16%	1,319,850 円
1996	6.49%	61.04%	1.77%	559,600 円
1997	14.54%	62.63%	2.85%	1,279,255 円
1998	13.82%	62.83%	2.72%	1,465,634 円
1999	38.98%	74.89%	6.77%	4,473,930 円
2000	20.81%	65.16%	3.85%	3,475,677 円
2001	11.31%	63.06%	2.54%	1,945,430 円
2002	−0.21%	51.91%	0.32%	229,694 円
2003	10.63%	56.93%	3.33%	2,072,653 円
2004	8.86%	56.76%	1.88%	2,303,555 円
2005	2.65%	54.88%	3.18%	927,406 円
2006	−7.19%	43.50%	−2.11%	−2,009,485 円
2007	−10.28%	40.53%	−3.73%	−2,612,422 円
2008	−5.99%	47.10%	−1.98%	−1,537,641 円
2009	0.34%	55.88%	−0.39%	215,867 円
2010	0.27%	52.56%	−0.66%	10,239 円

03 売買ルール②　順張り型の売買ルール

　次に紹介する売買ルールは「順張り型」の売買ルールです。この売買ルールは、「過去の一定期間の高値を上抜けたら買い」という、いわゆる"ブレイクアウト（高値更新）"を利用したもので、同じく仕掛けは買いのみとします。

　ブレイクアウトを利用した順張りは昔から使われている有名な方法ですので、すでにご存知の方も多いでしょう。

　ここでは一般的な順張りの傾向を理解していただくことが目的ですので、フィルターをまったく使っていないもっともシンプルなルールを採用しています。

　順張り型の売買ルールの詳細は下記のとおりです。

■順張り型の売買ルール

●仕掛け（買い）ルール

　下記の条件を満たした場合、翌日の寄付き（始値）で買い

- 終値が過去120日間で最大の終値を更新　かつ、
- 平均売買代金（30日）が3000万円以上（※任意）

●決済（売り）ルール

　下記の条件を満たした場合、翌日の寄付き（始値）で売り

- 終値が過去20日間で最小の終値を更新

第❹章　シンプルな３つの売買ルール

　この売買ルールは、「過去の高値を上抜けたら買い、安値を下抜けたら売り」という単純なブレイクアウトを利用したものですが、あえて特徴をあげるなら、買いが「120日間」という期間を採用しているのに対し、売りは「20日間」と短い期間になっていることです。多少、早めに売り逃げると考えていただければいいでしょうか。

　図４－７の「アルデプロ（8925）」の日足チャートを使って説明しましょう。
　①の2010年7月21日に、終値が過去120日間の高値（この例では6月22日の580円）を上抜けたため、翌日の7月22日に寄付きの653円で買い仕掛けました。

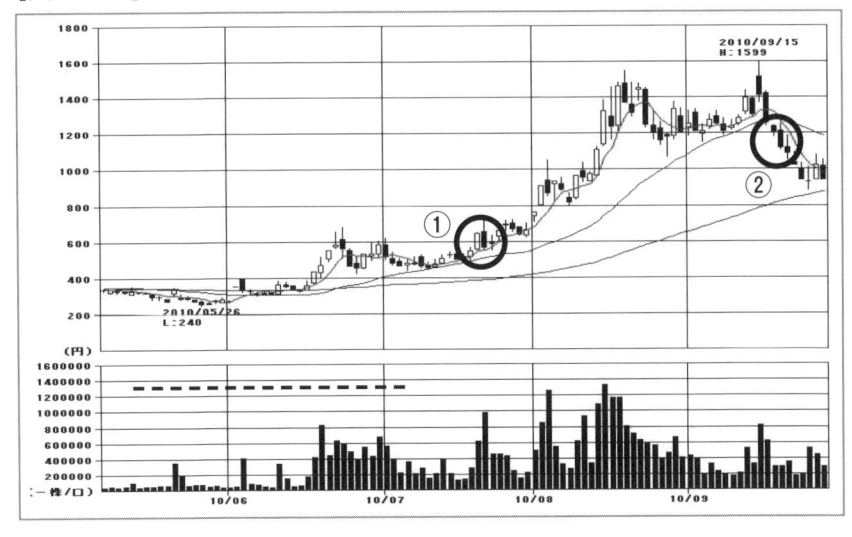

【図４－７】アルデプロ（8925）の日足チャート

買い付けた後に、初めて終値が過去20日間の安値を割ったのが②の9月21日ですので、翌日の9月22日の寄付きに1120円で決済することができました。

この順張りの特徴として、過去の安値を更新しないかぎり、どんなに上昇して利益が乗っても決済しないことがあげられます。

つまり、買い付けてから株価が2倍になっても10倍になっても、過去の安値を更新しないかぎり決済しないため、ときには大当たりを引く可能性があるということです。しかし、これを裏返せば大当たりに依存する方法ということにもなるわけですが…。

具体的にはバックテストの結果を見ていただくことにしましょう。

図4-8は、以下の「バックテストの詳細設定」に従って、順張り型の売買ルールをバックテストした結果となっています。

バックテストの結果で特徴的なのは、勝率がわずか33.51％しかないということです。にもかかわらず、最終的には約340万円の利益が出ているのは、損失に対して利益がかなり大きいことが理由です。

■バックテストの詳細設定

バックテスト期間	1990年3月1日～2010年11月16日
バックテスト対象	東証、大証、名証、ジャスダック（旧ヘラクレス含む）の全銘柄
手数料（往復）	1000円
初期の運用資金	300万円
資金の配分方法	運用資金を10銘柄に分散
運用方法	単利運用（常時元本を固定）
優先順位	終値と5日移動平均の乖離率（昇順）

【図4-8】バックテスト結果(全体)

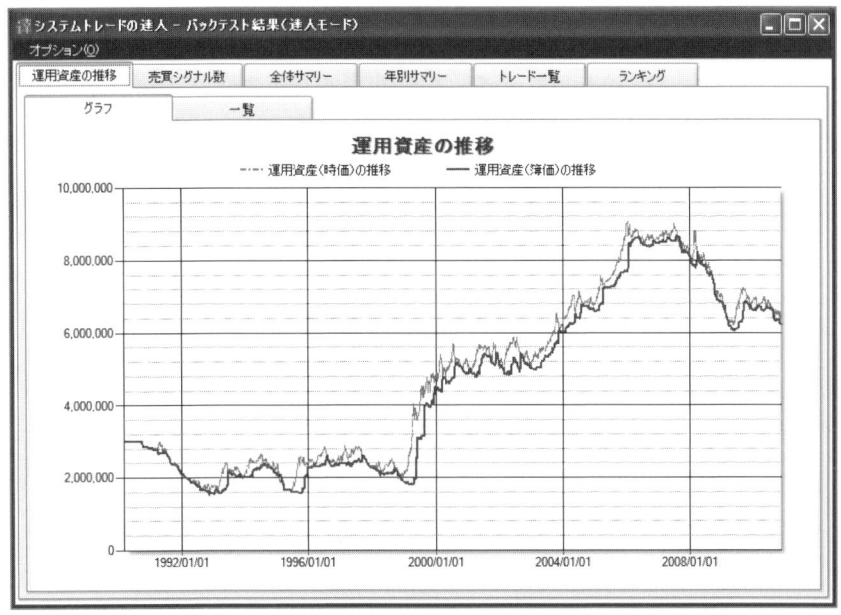

バックテスト期間:1990年3月1日~2010年11月16日

勝率:33.51％
勝ち数:650回　負け数:1,290回
平均損益(率):1.40％
平均利益(率):21.05％　平均損失(率):-8.48％
合計損益(円):3,429,314円

最大連勝回数:9回　最大連敗回数:22回
最大ドローダウン:2,899,472円(2009/04/28)
PF:1.191
平均保持日数:49.33日

負けトレードの損失（平均損失）が8.48％に対し、勝ちトレードの利益は21.05％もあるため、わずか3回に1回しか勝てなくてもトータルでは利益になっているわけです。逆張りが勝率重視なら、順張りは利益率重視といったところでしょうか。

　しかし、いくらトータルでは利益になるとはいえ、3回のトレードのうち2回は負けるわけですから、ずっとこの方法でトレードを続けていくのは精神的にかなり苦しいでしょう。しかも、過去には最大で22回連続の負けが続いたことがあり、この先も同じようなことがあればたまったものではありません。

　図4－9に掲載している年別のバックテスト結果を見ると、下落相場の年には負けが多く、上昇相場の年に大きく勝つ傾向が見て取れます。

　たとえば直近では、2003年から2005年末まで続いた上昇相場ではそれなりの利益をあげていますが、2006年以降の下落相場では負けが続いています。

　仕掛けが買いのみなので当然といえば当然なのですが、逆張りのように資産曲線が滑らかな曲線を描くのではなく、勝つときにまとめて大きく勝つという明らかな特徴をもっています。

　先ほど、順張りは「大当たりに依存する方法」と書いたのはそのとおりで、勝率が極端に低いため、仕掛けた銘柄に大当たりが出ない年はなかなかトータルで利益をあげることができないのです。もしも順張り系の売買ルールでトレードするのであれば、もっと安定性を高めるような工夫が欲しいところです。

　たとえば、1トレードあたりの利益をもっと小さくして勝率を高めたり、あるいは勝つ確率の高いときにしか仕掛けないようなフィルターを追加するのはどうでしょうか。

【図4-9】バックテスト結果(年別)

年	利回り（時価）	勝率	平均損益（率）	合計損益（円）
1990	-6.91%	0.00%	-20.07%	-181,400 円
1991	-24.76%	24.00%	-4.71%	-718,600 円
1992	-15.60%	17.31%	-4.90%	-537,800 円
1993	17.64%	50.00%	2.82%	454,125 円
1994	8.27%	35.00%	0.13%	70,450 円
1995	10.78%	26.32%	1.71%	194,750 円
1996	3.61%	38.20%	0.55%	120,540 円
1997	-10.31%	29.63%	-0.84%	-133,260 円
1998	-8.78%	27.08%	-2.41%	-397,910 円
1999	130.16%	43.02%	18.00%	2,619,646 円
2000	4.32%	37.74%	2.08%	390,494 円
2001	2.06%	30.00%	0.28%	223,508 円
2002	0.27%	28.93%	-0.10%	-96,641 円
2003	22.25%	45.92%	11.12%	1,025,650 円
2004	6.97%	42.86%	4.55%	549,518 円
2005	31.74%	56.16%	7.90%	1,110,290 円
2006	-3.97%	40.74%	4.11%	769,740 円
2007	-5.67%	33.03%	-1.84%	-341,416 円
2008	-14.13%	16.31%	-6.21%	-1,294,540 円
2009	-0.59%	25.19%	0.49%	-213,996 円
2010	-7.30%	27.43%	-1.49%	-391,894 円

　順張り型のパフォーマンスをさらに向上させるテクニックについては第5章で解説します。

04 売買ルール③ 押し目買い型の売買ルール

　本章で最後に紹介する売買ルールは「押し目買い型」の売買ルールです。この売買ルールをひとことで説明するなら、「株価が上昇トレンドを描いている銘柄が一時的に下落したところを買う」といったところでしょうか。
　つまり、期間を長期で見た場合は「順張り」といえるでしょうし、短期で見た場合には「逆張り」という見方もできます。

　前述したように、逆張り型のルールにも順張り型のルールにもそれぞれ欠点がありました。
　逆張りは一方的な下落相場では大きな損失を出す可能性がありますし、順張りは勝率が低いため、パフォーマンスの良し悪しは大当たりが出るかどうかにかかっています。
　そこで、「上昇トレンドの場合だけに逆張りで仕掛ける」という、順張りと逆張り両方の売買ルールの特性をもつ押し目買いの売買ルールはどうでしょうか。
　押し目買いというからには当然、株価が一時的に押した（下落した）ところを狙って買い付けるわけですが、まずは売買ルールから解説していきましょう。

　押し目買い型の売買ルールの詳細は下記（次ページ）のとおりです。

■押し目買い型の売買ルール

> ● **仕掛け（買い）ルール**
>
> 下記の条件を満たした場合、翌日の寄付き（始値）で買い
> - 終値が過去4日間で最小の終値を更新　かつ、
> - **終値が移動平均（150日）よりも高い　かつ、**
> - 平均売買代金（30日）が3000万円以上（※任意）
>
> ● **決済（売り）ルール**
>
> 下記の条件を満たした場合、翌日の寄付き（始値）で売り
> - 終値が過去4日間で最大の終値を更新

　すでにお気づきの方もいらっしゃるでしょうが、この売買ルールは第3章で解説したものに1つだけ条件を加えたものです（太字の部分）。

　基本的な買い（仕掛け）の条件は、「終値が過去4日間で最小の終値を更新したとき」という、やや逆張り的なものですが、これに「終値が移動平均（150日）よりも高い」という条件を加えることで株価のトレンドを判定しています。

　終値が150日の移動平均よりも高い位置にあるということは、少なくとも現在の終値が過去150日間の平均株価よりも高いということですので、ある程度は上昇トレンドの最中であるという判断ができます。

　トレンドの判定としては非常に簡素な方法ですが、これでも立派なトレンド判定のロジックです。

　次ページ**図4－10**の「シナジーマーケティング（3859）」の日足チャートを使って説明しましょう。

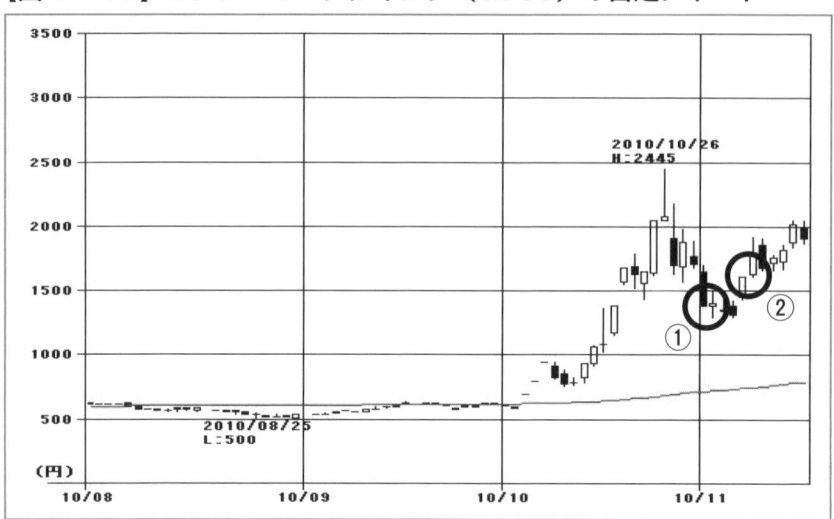

【図4−10】シナジーマーケティング（3859）の日足チャート

　まず、買いを仕掛けるための大前提は、当日の終値が150日の移動平均よりも上にあることです。つまり、この時点で直近ではある程度の上昇トレンドということになります。

　終値が移動平均よりも上にある状態で過去4日間の安値を更新したのは①の2010年11月1日ですので、翌日11月2日の寄付きに1380円で買い付けることになります。

　そして、買い付けた後、売り決済の条件である「終値が過去4日間で最大の終値を更新」を満たしたのが②の11月8日です。この例では翌日の11月9日に1630円で決済することができたため、大幅な利益を出すことができました。

　この売買ルールはトレンドの判定を加えることで順張りの特性も併せ持ってはいますが、基本的には逆張り系であるため、ある程度のリバウンドがなければ決済できません。

つまり、負けたトレードではそれなりの損失が出るリスクも覚悟しなければならないことになります。

実際に過去の相場でどのような成績になっていたかはバックテストの結果で確認することにしましょう。

図4-11は、次のバックテストの詳細設定に従って、押し目買い型の売買ルールをバックテストした結果です。

■バックテストの詳細設定

バックテスト期間	1990年3月1日～2010年11月16日
バックテスト対象	東証、大証、名証、ジャスダック（旧ヘラクレス含む）の全銘柄
手数料（往復）	1000円
初期の運用資金	300万円
資金の配分方法	運用資金を5銘柄に分散
運用方法	単利運用（常時元本を固定）
優先順位	終値と5日移動平均の乖離率（昇順）

次ページの資産曲線のグラフを見た印象では、それなりに右肩上がりの良い形を描いています。逆張りや順張りと比較してもブレが小さく安定しているといってもいいでしょう。

あえて気になるところをあげれば、2008年の暴落時にはやはりそれなりのドローダウンを受けており、これは逆張りや順張りと同様に押し目買いであっても「買い」だけでは利益をあげるのが難しいことを示しています。

【図4-11】バックテスト結果（全体）

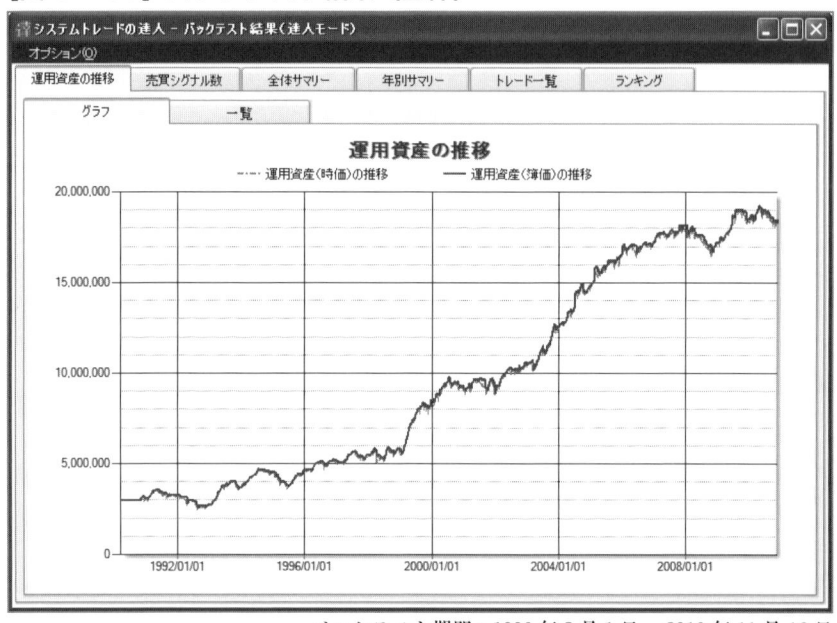

バックテスト期間：1990年3月1日～2010年11月16日

勝率：60.44％
勝ち数：3,485回　負け数：2,281回
平均損益（率）：1.09％
平均利益（率）：6.79％　平均損失（率）：－7.58％
合計損益（円）：15,402,271円

最大連勝回数：21回　最大連敗回数：17回
最大ドローダウン：1,757,222円（2008/10/10）
PF：1.394
平均保持日数：11.41日

最大ドローダウンは約175万円となっていますが、バックテストは単利運用で行っていますので、2008年から複利で運用していればもっと大きな損失が出ているはずです。
　しかし、それでも単純な逆張りなどに比べれば、はるかに小さなドローダウンで済んでいるため、トレンドの判定を加えたことによる効果はかなり大きいといえるでしょう。
　基本は逆張り系であるため、1トレードあたりの平均利益に対して、平均損失のほうが若干高くなっていますが、やはり約60％という高めの勝率によってトータルの利益を確保しているということになります。

　次ページ**図4－12**の年別のバックテスト結果を見ると、約21年のうちで負けた年は1992年と2008年のわずか2回のみとなっており、まずまずの結果ですが、なにより逆張りなどに比べて直近のパフォーマンスが極端に低下している様子は見られないため、今後もある程度の期間は機能する可能性が高いのではないでしょうか。

【図4-12】バックテスト結果（年別）

年	利回り（時価）	勝率	平均損益（率）	合計損益（円）
1990	0.63%	69.23%	1.31%	108,900 円
1991	8.73%	56.11%	−0.12%	153,290 円
1992	−17.38%	50.86%	−1.06%	−528,510 円
1993	35.92%	65.81%	0.88%	942,330 円
1994	22.53%	61.34%	0.77%	853,250 円
1995	2.01%	54.59%	−0.01%	101,175 円
1996	9.22%	58.19%	0.12%	575,560 円
1997	7.46%	61.90%	−0.28%	284,140 円
1998	1.42%	59.09%	−0.19%	282,010 円
1999	51.42%	68.39%	3.63%	2,810,187 円
2000	8.55%	58.49%	0.84%	597,134 円
2001	2.42%	61.25%	−0.25%	−291,227 円
2002	14.13%	55.86%	1.06%	1,643,901 円
2003	19.25%	65.42%	2.48%	2,078,781 円
2004	17.28%	63.72%	3.47%	2,233,682 円
2005	14.64%	66.99%	4.83%	2,008,629 円
2006	1.73%	59.66%	0.82%	418,404 円
2007	4.13%	59.54%	1.07%	846,070 円
2008	−3.81%	55.12%	−1.84%	−880,459 円
2009	6.25%	60.27%	1.97%	1,304,432 円
2010	0.62%	57.04%	0.61%	−93,148 円

第5章 システムの改良でパフォーマンスをアップ

01 シグナル数をフィルターにする

　売買ルールのパフォーマンス（成績）を向上させるためのテクニックに、「株式市場全体の状況を見極める」という方法があります。
　これはどういうことかというと、現在の株式市場が上昇トレンドであるのか、あるいは下落トレンドであるのかを判断したうえで、仕掛けを行うかどうかを決定する方法です。
　当然、システムトレードにおいては市場の状況を機械的に見極める必要があるわけですが、その方法のひとつとして、まずは「売買シグナルの数」をもとに市場の状況を判断する方法をご紹介したいと思います。
　なお、この手法は拙書『斉藤正章の「株」勝率80％の逆張りシステムトレード実践テクニック』（日本実業出版社）で書かせていただいた方法とほぼ同じものですが、本書では逆張りだけでなく、順張りについてもこの方法が機能するかどうかを検証していきます。

　「売買シグナルの数（以下、シグナル数と表記）で市場の状況を見極める」とは、具体的にどのようなことでしょうか。
　たとえば逆張り（買い）の場合、株式市場が上昇トレンドのときはほとんど買いのシグナルは発生せず、逆に下落トレンドのときには大量のシグナルが出る傾向があります。つまり、シグナル数が多ければ多いほど、より暴落相場に近い状況だ、という判断ができるわけです。
　順張りの場合はその正反対で、シグナル数が多いほど株式市場が強気の上昇相場ということになりますし、シグナル数が少なければ下落相場か、あるいは少なくとも上昇相場ではない、という判断ができます。

シグナル数をフィルターとして使用した具体的なトレード方法ですが、「シグナル数が一定の数に達した（あるいは満たない）ときだけに仕掛けを行う」という使い方をします。

つまり、仮に「シグナル数が10以上」という条件をフィルターにする場合、シグナル数が9銘柄以下しかないときには、売買のシグナルは無視する（仕掛けない）ということになるわけです。

逆に「シグナル数が9以下」という条件の場合、10銘柄以上のシグナル数があるときは仕掛けを行わないことになります。

まずは逆張りにシグナル数のフィルターを使用した場合の結果から見ていきましょう。

図5－1～図5－4（90～93ページ）は、第4章で解説した逆張りの売買ルールに対し、シグナル数のフィルターを適用してバックテストを行ったものです。**図5－1**であれば、逆張りのシグナル数が9銘柄以下の場合のみ仕掛けを行ったバックテスト結果、**図5－2**ならシグナル数が10銘柄以上の場合のみ仕掛けを行ったバックテスト結果という見方をします。

なお、ここでいう「シグナル数」というのは、「終値と移動平均（5日）の乖離率が－10％以下」という条件だけではなく、「平均売買代金（30日）が3000万円以上」の条件まで含めたシグナルの数をカウントしたものです。

バックテストの結果を順に見ていくと、シグナル数が多いときに仕掛けたときほど、全体的にパフォーマンスが向上する傾向にあることがわかると思います。

【図5-1】バックテスト結果（逆張りシグナル数9以下）

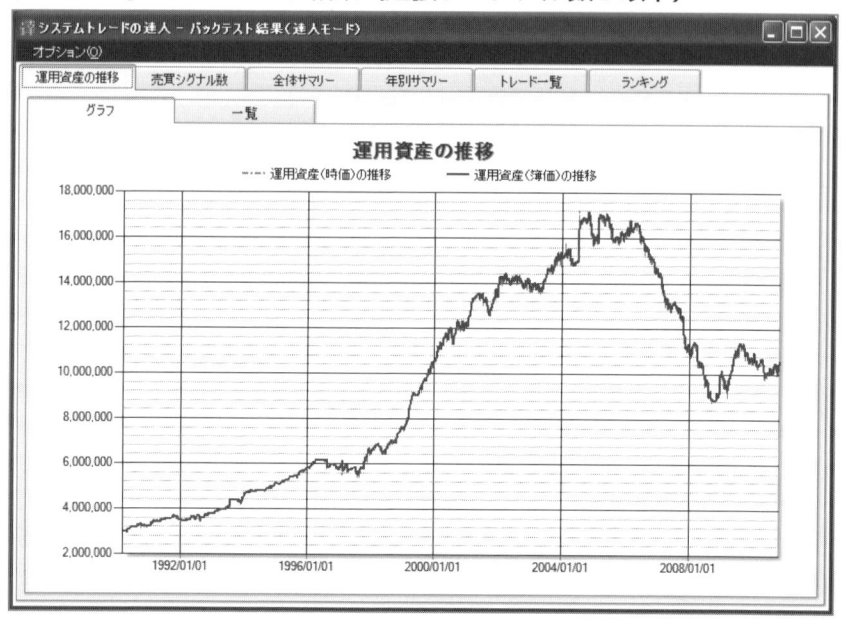

バックテスト期間：1990年3月1日～2010年11月16日

勝率：55.05 %
勝ち数：1,718 回　負け数：1,403 回
平均損益（率）：0.70 %
平均利益（率）：11.60 %　平均損失（率）：－12.63 %
合計損益（円）：7,582,696 円

最大連勝回数：15 回　最大連敗回数：14 回
最大ドローダウン：8,490,304 円（2008/09/17）
PF：1.135
平均保持日数：7.02 日

第❺章　システムの改良でパフォーマンスをアップ

【図5-2】バックテスト結果（逆張りシグナル数10以上）

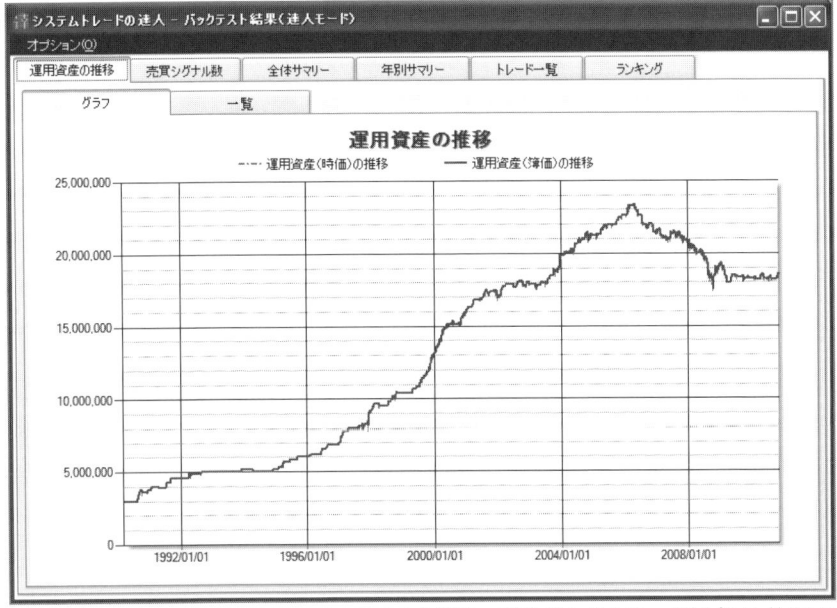

バックテスト期間：1990年3月1日～2010年11月16日

勝率：60.68％
勝ち数：1,250回　負け数：810回
平均損益（率）：2.25％
平均利益（率）：12.52％　平均損失（率）：－13.55％
合計損益（円）：15,572,899円

最大連勝回数：35回　最大連敗回数：11回
最大ドローダウン：6,066,879円（2008/10/10）
PF：1.496
平均保持日数：6.58日

【図5-3】バックテスト結果（逆張りシグナル数50以上）

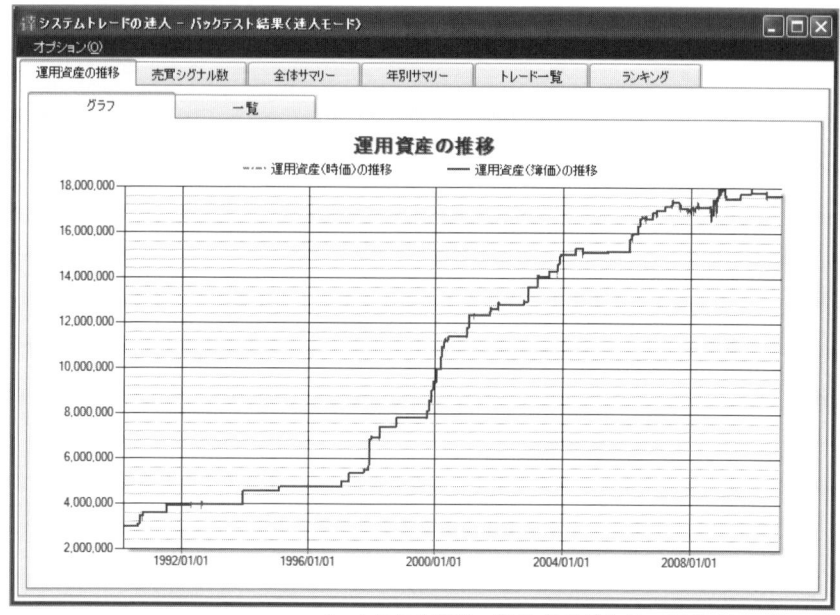

バックテスト期間：1990年3月1日～2010年11月16日

勝率：72.11％
勝ち数：393回　負け数：152回
平均損益（率）：8.19％
平均利益（率）：16.09％　平均損失（率）：－12.15％
合計損益（円）：14,644,933円

最大連勝回数：29回　最大連敗回数：9回
最大ドローダウン：911,258円（2008/10/10）
PF：3.692
平均保持日数：5.82日

【図5-4】バックテスト結果（逆張りシグナル数100以上）

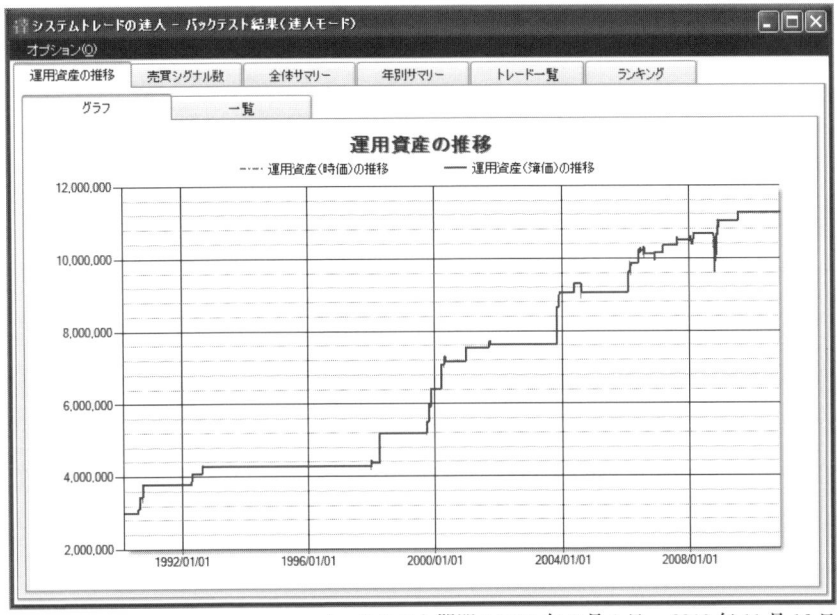

バックテスト期間：1990年3月1日～2010年11月16日

勝率：74.45 %
勝ち数：204回　負け数：70回
平均損益（率）：8.24 %
平均利益（率）：16.25 %　平均損失（率）：－14.97 %
合計損益（円）：8,263,485円

最大連勝回数：29回　最大連敗回数：11回
最大ドローダウン：1,049,445円（2008/10/17）
PF：4.083
平均保持日数：5.69日

たとえば、シグナル数が9以下（**図5－1**）のときに仕掛けた場合の平均損益率は0.7％しかありませんが、シグナル数10以上（**図5－2**）では2.25％、シグナル数50以上（**図5－3**）ではなんと8.19％にもなります。

しかも、数字以上に注目したいのは資産曲線の形です。シグナル数が多いときに仕掛けたときほど明らかにドローダウンが小さくなり、安定した右肩上がりの曲線に近づいているのです。

このことから何がいえるかというと、「逆張りは市場が激しい暴落をしたときに仕掛けるほど有利」であるということです。

ただし、フィルターの数を厳しく（多く）すれば、必ずしもドローダウンが避けられるわけではないことには注意が必要です。シグナル数100以上（**図5－4**）を見てもわかるとおり、2008年後半に発生した大暴落の相場では、少なからずドローダウンが発生しているのです。

また、シグナル数のフィルターを厳しくするほど安定性は増しますが、その代償としてトレードのチャンスが減り、トータルの利益は少なくなります。最終的にはある程度のところでバランスを取る必要があるでしょう。

続いて、順張りのほうはどのような傾向があるでしょうか。

図5－5～図5－8（96～99ページ）は、順張りにシグナル数のフィルターを適用したバックテスト結果です。

順に見ていくと、シグナル数が多くなるに従って平均損益が1.54％→1.73％→2.29％→3.02％と明らかに向上しています。

また、視覚的に資産曲線のグラフを見てもシグナル数が多いほど安定性が増しているのがわかります。これは、意外な結果だと思った方もいらっしゃるのではないでしょうか。

逆張りの場合は、シグナル数が多いときほど暴落相場の底値圏で買うことになるため、パフォーマンスが向上するというのはなんとなく想像がつくと思うのですが、順張りのシグナル数が多いときといえば、相場が過熱した天井圏を思い浮かべてしまいます。

　ところが実際にバックテストをしてみると、順張りでもシグナル数が多いときに仕掛けたほうが有利だという結果が出ているのです。

　解釈の仕方は、こじつければいかようにもなりますが、バックテストで明らかな傾向が出ている以上、それを事実として受け止めるべきではないでしょうか。

　シグナル数をフィルターにしてバックテストを行った結果、逆張り、順張りのいずれにおいても「シグナル数が多いときに仕掛けるほどパフォーマンスが良い」ということが確認できました。

　実際にこの方法だけを使ってトレードするかはともかくとして、ひとつの傾向として理解していただき、他の方法との組み合わせによって、さらにパフォーマンスの向上を目指すことも可能になるはずです。

【図5-5】バックテスト結果（順張りシグナル数9以下）

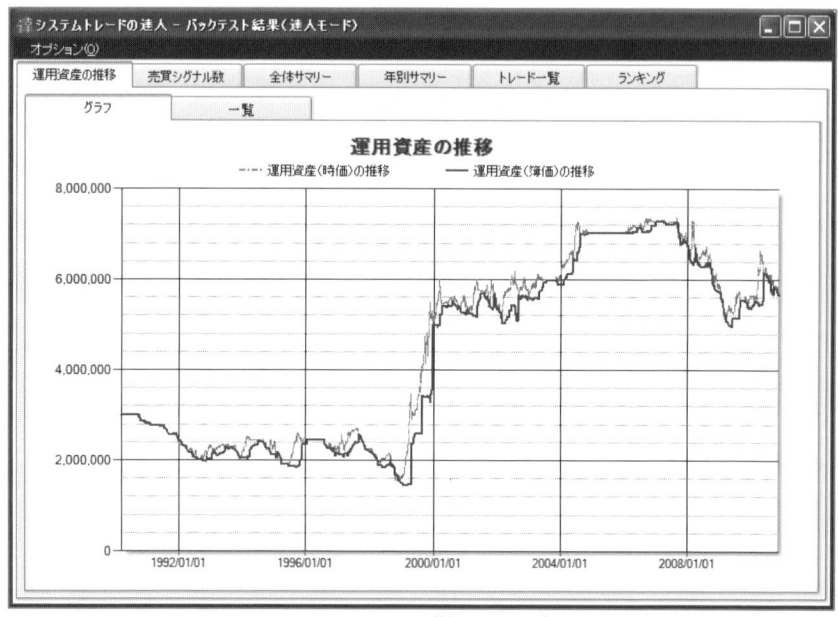

バックテスト期間：1990年3月1日～2010年11月16日

勝率：32.25％
勝ち数：307回　負け数：645回
平均損益（率）：1.54％
平均利益（率）：25.89％　平均損失（率）：－10.04％
合計損益（円）：2,713,818円

最大連勝回数：13回　最大連敗回数：21回
最大ドローダウン：2,284,892円（2009/03/12）
PF：1.219
平均保持日数：48.62日

【図5-6】バックテスト結果（順張りシグナル数10以上）

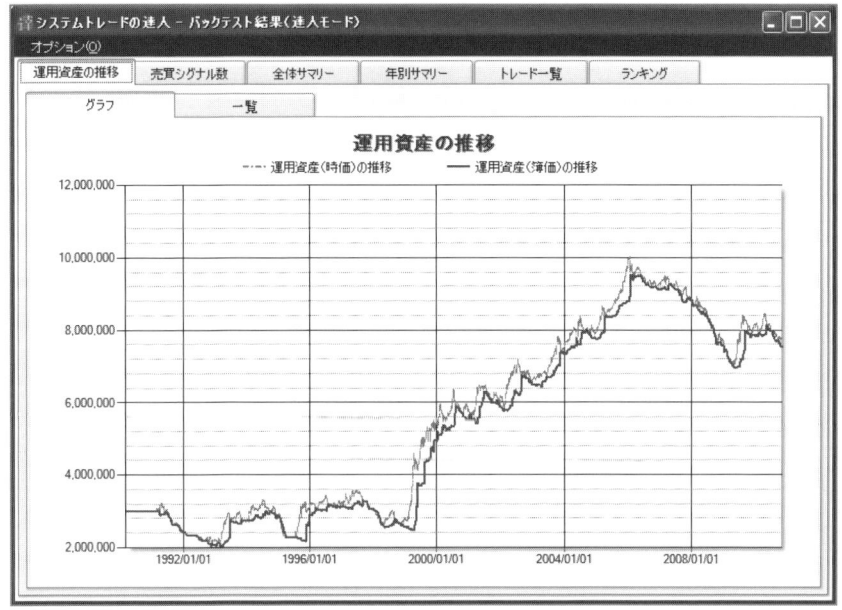

バックテスト期間：1990年3月1日～2010年11月16日

勝率：34.67 %
勝ち数：613回　負け数：1,155回
平均損益（率）：1.73 %
平均利益（率）：19.89 %　平均損失（率）：－ 7.89 %
合計損益（円）：4,777,288円

最大連勝回数：9回　最大連敗回数：25回
最大ドローダウン：3,037,729円（2009/04/28）
PF：1.312
平均保持日数：49.39日

【図5-7】バックテスト結果（順張りシグナル数50以上）

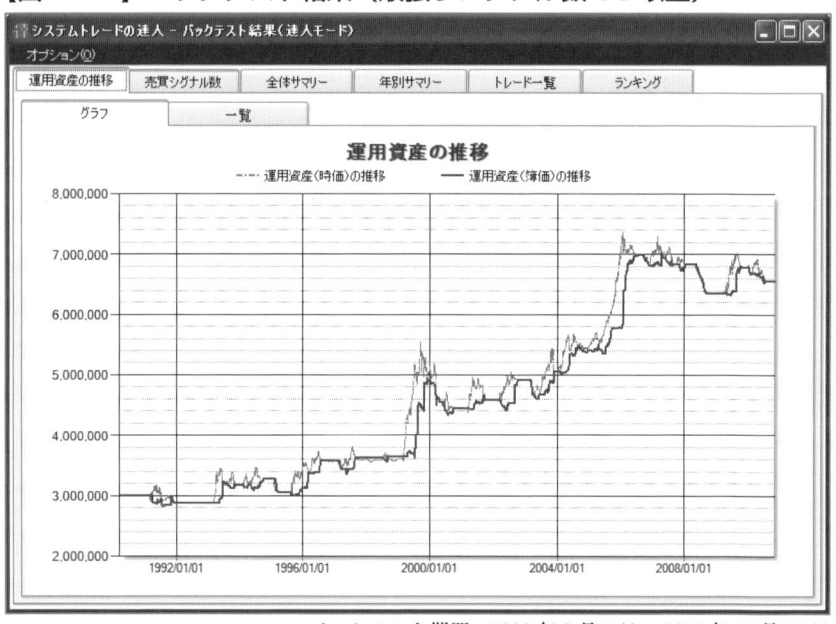

バックテスト期間：1990年3月1日～2010年11月16日

勝率：38.15％
勝ち数：338回　負け数：548回
平均損益（率）：2.29％
平均利益（率）：17.01％　平均損失（率）：－6.76％
合計損益（円）：3,553,617円

最大連勝回数：8回　最大連敗回数：31回
最大ドローダウン：1,168,980円（2001/03/13）
PF：1.540
平均保持日数：54.60日

【図5-8】バックテスト結果（順張りシグナル数100以上）

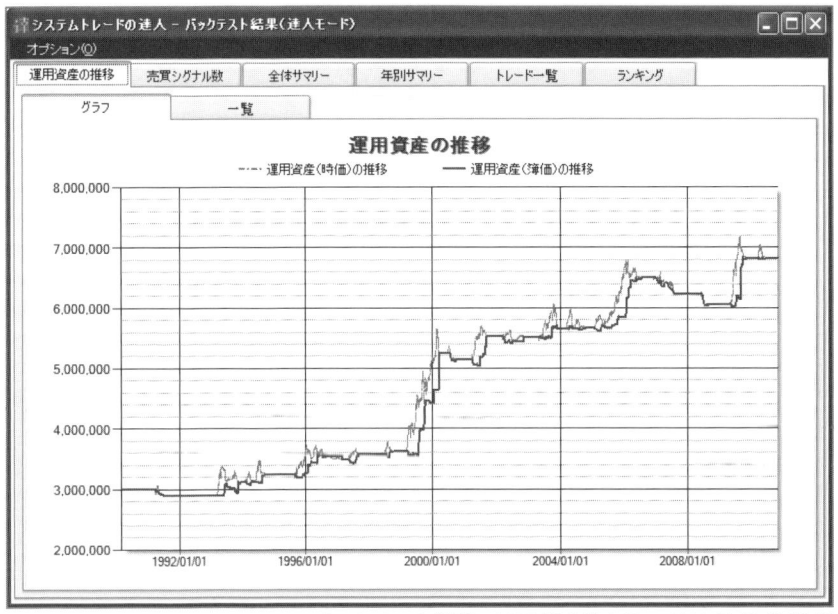

バックテスト期間：1990年3月1日～2010年11月16日

勝率：42.11％
勝ち数：240回　負け数：330回
平均損益（率）：3.02％
平均利益（率）：15.07％　平均損失（率）：－5.74％
合計損益（円）：3,829,474円

最大連勝回数：9回　最大連敗回数：13回
最大ドローダウン：786,380円（2009/05/14）
PF：2.112
平均保持日数：54.14日

02 株価指数をフィルターにする

　株式市場の状況を判断するためのフィルターは、売買シグナルの数を使用したものだけではありません。たとえば、株価指数の状態をフィルターとして使用する方法はどうでしょうか。

　具体的には、株価指数（日経平均株価やTOPIXなど）の状態を確認して、現在が上昇トレンドなのか下落トレンドなのかを判断し、それをフィルターとして活用する方法です。

　たとえば、この方法を使うと、「日経平均が上昇トレンドの場合のみ仕掛ける」といったトレード方法が可能になります。

　株価指数には、日経平均株価やTOPIXのほか、ジャスダックやマザーズなどの市場を対象としたものもありますが、ここではTOPIXをフィルターとして採用することにします。

　具体的には、TOPIXの終値が150日移動平均（TOPIX自体の移動平均）よりも上であれば上昇トレンドとみなして仕掛けを行い、逆に150日移動平均以下の場合は仕掛けを見送ります。

　まずは逆張りのバックテスト結果から見ていきましょう。

　図4-5（再掲載）はフィルターを使用していない逆張りのバックテスト結果で、**図5-9**（102ページ）がTOPIXのフィルターを使用したバックテスト結果です。平均損益を見ると、フィルターを使用しない場合は1.48％、フィルターを使用した場合が1.97％となっており、やはりTOPIXが上昇トレンドの場合にのみ仕掛けたほうが、1トレードあたりの利益率が高いことがわかります。

【図4-5】（再掲載）バックテスト結果（逆張りフィルターなし）

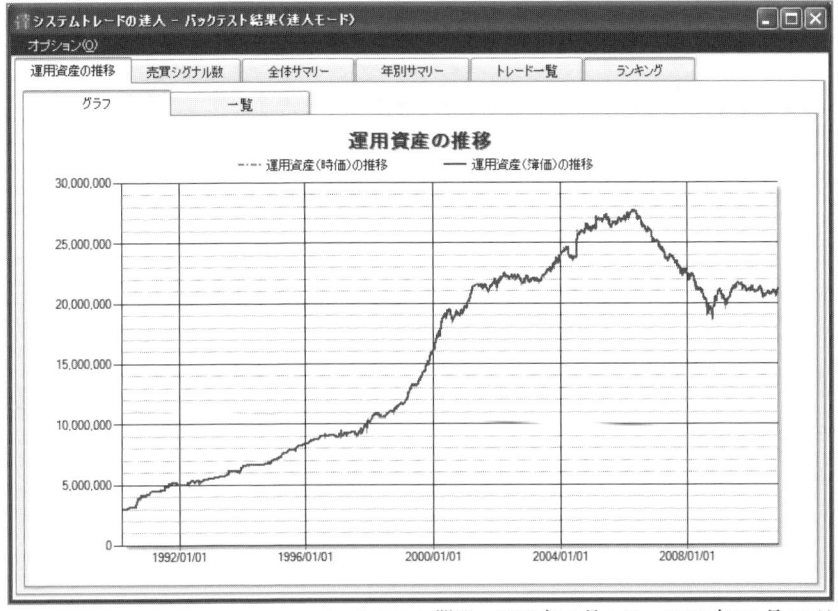

バックテスト期間：1990年3月1日〜2010年11月16日

勝率：57.57％
勝ち数：2,308回　負け数：1,701回
平均損益（率）：1.48％
平均利益（率）：12.33％　平均損失（率）：－13.22％
合計損益（円）：18,210,802円

最大連勝回数：19回　最大連敗回数：14回
最大ドローダウン：9,199,422円（2008/10/10）
PF：1.279
平均保持日数：6.95日

【図5-9】バックテスト結果(逆張りにTOPIXフィルター適用)

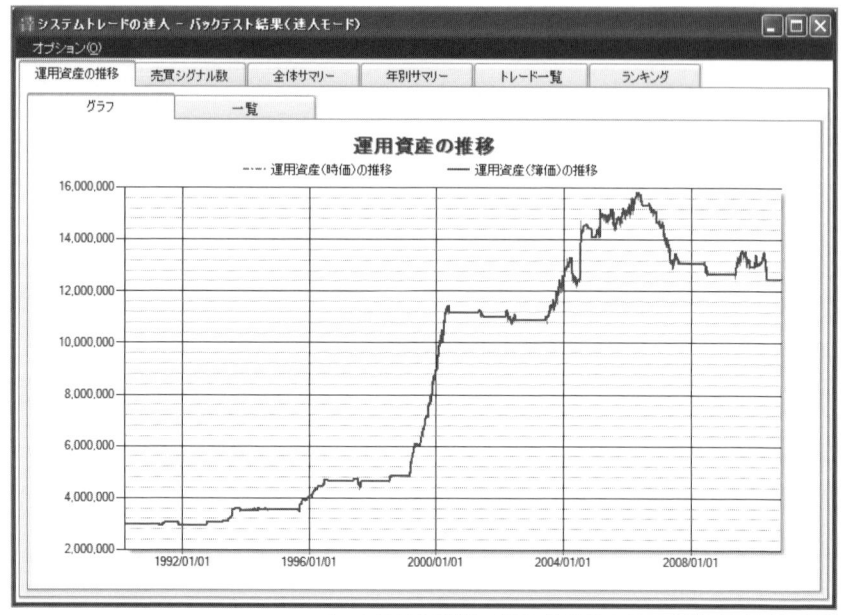

バックテスト期間:1990年3月1日〜2010年11月16日

勝率:58.38％
勝ち数:982回　負け数:700回
平均損益(率):1.97％
平均利益(率):12.41％　平均損失(率):-12.65％
合計損益(円):9,497,279円

最大連勝回数:19回　最大連敗回数:10回
最大ドローダウン:3,407,796円(2010/05/25)
PF:1.346
平均保持日数:6.87日

ただし、残念ながら2006年以降で大きなドローダウンを受けるという結果は変わっていませんので、このフィルターだけでトレードを行うのは少々難しいかもしれません。

一方、順張りはどうでしょうか。

次ページ**図4－8**（再掲載）のフィルターなしと、105ページ**図5－10**のTOPIXフィルターを使用した場合の結果を比較すると、資産曲線は明らかにフィルターを使用した場合のほうが安定しているようです。

また、平均損益率、最終的な利益（合計損益）、最大ドローダウンのすべてにおいて、フィルターを使用した場合のほうが優れています。

この結果を見るかぎり、順張りにおいてはTOPIXが上昇トレンドのときに仕掛けたほうがパフォーマンスが向上すると考えて間違いないでしょう。

このように、株価指数（今回はTOPIX）の状況を見極めるためのフィルターを採用することで、少なくとも1トレードあたりの損益は向上するという結果が出ました。

この結果から、直接トレードの対象となる銘柄だけでなく、株価指数の状況を判断することで、パフォーマンスの向上につなげることができるといえるのではないでしょうか。

【図4-8】（再掲載）バックテスト結果（順張りフィルターなし）

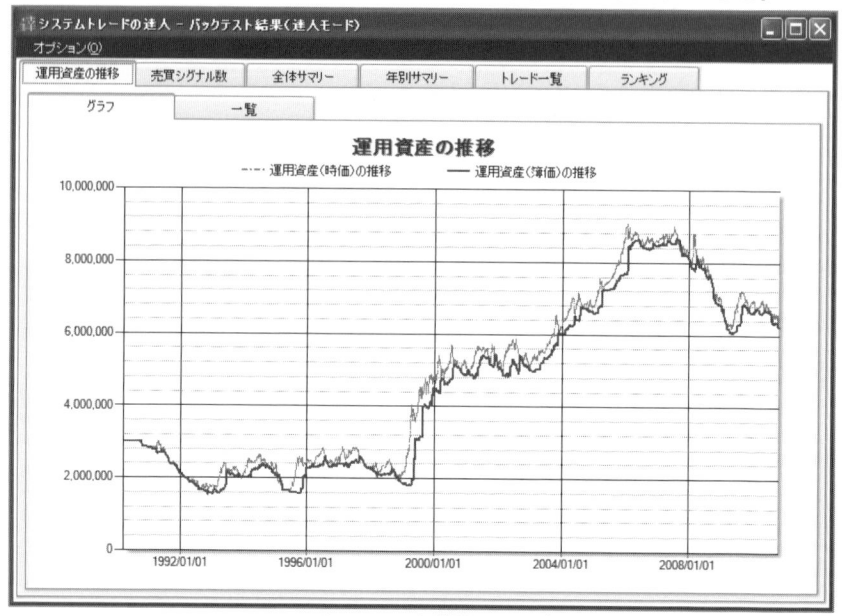

バックテスト期間：1990年3月1日〜2010年11月16日

勝率：33.51 %
勝ち数：650回　負け数：1,290回
平均損益（率）：1.40 %
平均利益（率）：21.05 %　平均損失（率）：－8.48 %
合計損益（円）：3,429,314円

最大連勝回数：9回　最大連敗回数：22回
最大ドローダウン：2,899,472円（2009/04/28）
PF：1.191
平均保持日数：49.33日

【図5-10】バックテスト結果（順張りにTOPIXフィルター適用）

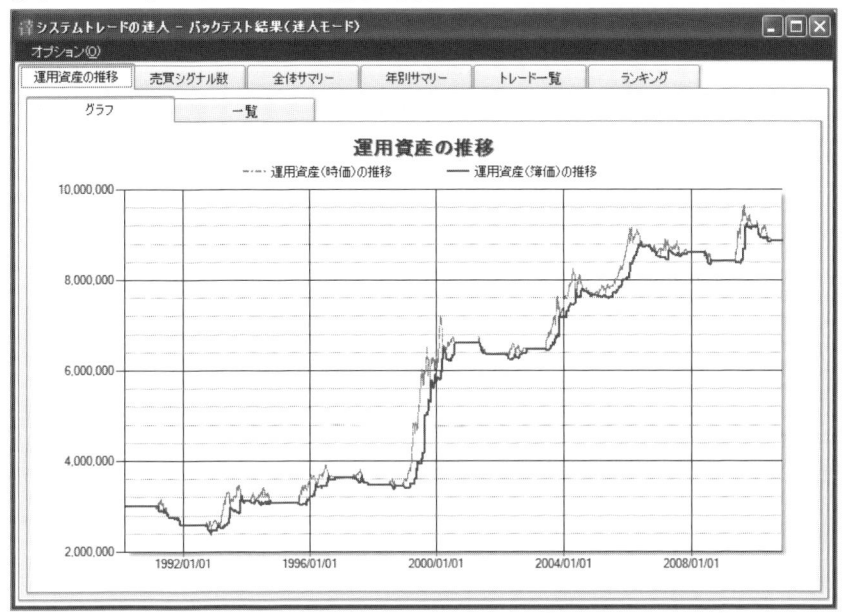

バックテスト期間：1990年3月1日～2010年11月16日

勝率：38.72％

勝ち数：405回　負け数：641回

平均損益（率）：3.59％

平均利益（率）：20.39％　平均損失（率）：－6.98％

合計損益（円）：5,875,560円

最大連勝回数：9回　最大連敗回数：18回

最大ドローダウン：923,583円（2002/03/29）

PF：1.787

平均保持日数：53.02日

03 個別銘柄のトレンド判定

　売買シグナル数や株価指数をフィルターとしてトレードする方法は、株式市場全体のトレンドを判定する方法として有効ですが、個別銘柄のトレンド判定だけでパフォーマンスを向上させることは可能でしょうか。つまり、TOPIXなどではなく、トレードの対象となる個別銘柄そのもののトレンド判定を追加するわけです。

　先ほどは、TOPIXをフィルターとして、「終値が移動平均（150日）よりも大きい」という条件を使用しましたが、これをそのまま個別銘柄の売買ルールに追加しましょう。ただし、順張りは売買ルールそのものがほとんどトレンドの判定にあたるため、ここでは逆張りについてのみバックテストを行います。

　下記の太字で表記した部分が逆張りの売買ルールに追加する「トレンド判定」です（それ以外は同じ）。

■逆張り型（トレンド判定あり）の売買ルール

●仕掛け（買い）ルール

　下記の条件を満たした場合、翌日の寄付き（始値）で買い
- ・終値と移動平均（5日）の乖離率が－10％以下　かつ、
- **・終値が移動平均（150日）よりも大きい　かつ、**
- ・平均売買代金（30日）が3000万円以上（※任意）

●決済（売り）ルール

　下記の条件を満たした場合、翌日の寄付き（始値）で売り

> ・終値と移動平均（5日）の乖離率が0％以上　または、
> ・仕掛けた日から10日間以上が経過（休日を含む）

　それでは早速、もとの逆張り（トレンド判定なし）とトレンドの判定を追加した逆張りのバックテスト結果を比較してみましょう。
　次ページ**図4－5**（再掲載）がトレンド判定なし、109ページ**図5－11**がトレンド判定を追加した場合のバックテスト結果です。
　まず数字を比較する以前に、一見しただけで資産曲線の形が明らかに異なることがわかります。トレンドの判定を行わない場合は、2006年以降に損失が続いていますが、トレンド判定を追加した場合は2006年以降も利益が出ています。
　また、詳細を確認してみると、平均損益は1.48％→3.07％と2倍以上、最大ドローダウンも約920万円→約130万円と大幅に改善しており、ほとんどすべてにおいてトレンド判定を追加したほうに軍配があがります。

　この結果から判断するかぎり、逆張りにおいてトレンドの判定を行うことは必須条件のように思えます。
　すでにお気づきの方もいるかもしれませんが、このトレンド判定の方法は第3章で解説した「押し目買い」の売買ルールとまったく同じ方法です。つまり、「逆張り」とはいっても、「上昇トレンドの場合のみ仕掛けを行う」という条件を追加することで、事実上は押し目買いと同じ意味を持つ売買ルールとなるのです。
　ここでは、たまたま逆張りだけを取り上げて解説を行いましたが、それ以外のさまざまな売買ルールにおいてもトレンドの判定が有効に機能する傾向があります。すでにご自身の使っている売買ルールでも、試してみてはいかがでしょうか。

【図4-5】(再掲載) バックテスト結果 (逆張りトレンド判定なし)

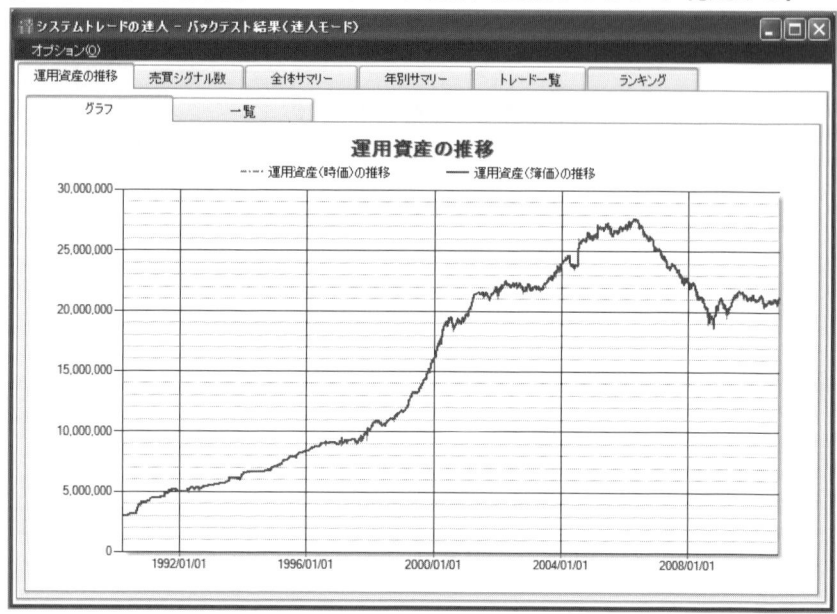

バックテスト期間：1990年3月1日～2010年11月16日

勝率：57.57％
勝ち数：2,308回　負け数：1,701回
平均損益（率）：1.48％
平均利益（率）：12.33％　平均損失（率）：－13.22％
合計損益（円）：18,210,802円

最大連勝回数：19回　最大連敗回数：14回
最大ドローダウン：9,199,422円（2008/10/10）
PF：1.279
平均保持日数：6.95日

【図5-11】バックテスト結果（逆張りにトレンドの判定を追加）

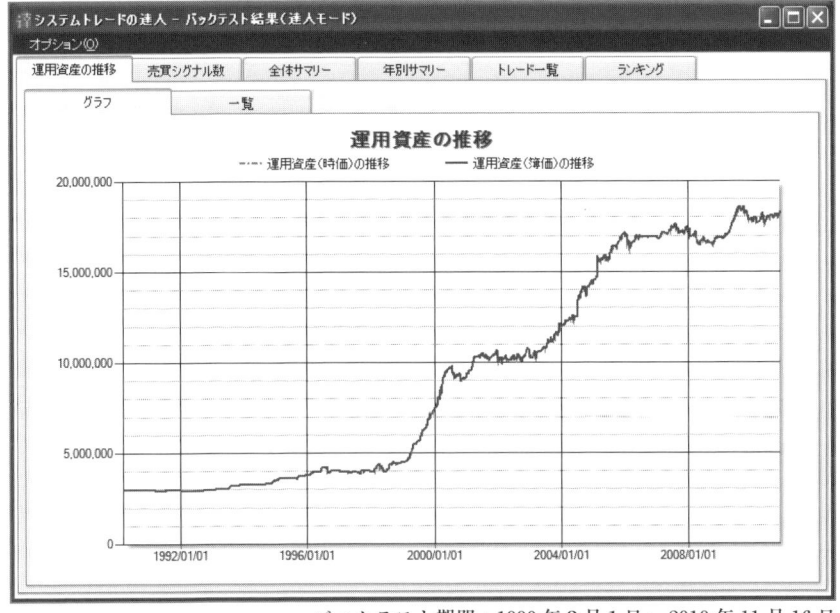

バックテスト期間：1990年3月1日～2010年11月16日

勝率：61.32％
勝ち数：1,151回　負け数：726回
平均損益（率）：3.07％
平均利益（率）：11.70％　平均損失（率）：－10.56％
合計損益（円）：15,283,963円

最大連勝回数：16回　最大連敗回数：9回
最大ドローダウン：1,338,032円（2008/10/10）
PF：1.574
平均保持日数：6.49日

04 相性の良い銘柄でトレードするとどうなる？

　システムトレードに向いている銘柄とそうでない銘柄というのは果たして存在するのでしょうか。たとえば、逆張りに適している銘柄や順張りに適している銘柄があるのかということです。

　もし、売買ルールのタイプごとに適している銘柄というものが存在するのであれば、そのような銘柄だけを選択してトレードすれば、もっとパフォーマンスを向上させることができるはずです。ここではそれを確認するための実験をしてみたいと思います。

　具体的には、逆張り、順張りのそれぞれにおいてバックテストを行い、そのなかで成績の良かった銘柄だけを抜き出してトレードするわけですが、ここで重大な注意点があります。

　はじめからすべての期間でバックテストをしてしまうと、成績の良かった銘柄だけを抽出するという行為が有効であるかどうかを確認することができません。そこで、まずは保有しているデータの半分の期間でバックテストを行い、その結果、**成績がプラスだった銘柄のみを抽出**します。その後、抽出した銘柄だけを対象に残りの期間でバックテストを行うわけです。

　もしも残りの期間でバックテストしたときに、抽出した銘柄のほうが全銘柄でバックテストしたときよりも明らかに成績が良ければ、「成績の良い銘柄だけを抽出する」という行為が有効だと考えることができるのではないでしょうか。

本書の執筆時点で私の手元には1990年3月1日～2010年11月16日までのデータが存在しているので、まずは1990年3月1日～1999年12月末までの約10年間で逆張りと順張りそれぞれのバックテストを行い、成績がプラスだった銘柄だけを抽出しました。

　その後、残りの2000年初め～2010年11月16日までのデータを使い、「抽出した銘柄（データ前半の成績がプラスだった銘柄）」と「全銘柄」のバックテストを実施しましたので、その結果を比較してみることにしましょう。

　まずは逆張りから比較してみます。次ページ**図5－12**は全銘柄でバックテストした結果、113ページ**図5－13**は前半の約10年間で成績がプラスだった銘柄のみを抽出し、残りの約11年間でバックテストした結果です。

　最初に資産曲線を比較した印象からは、成績がプラスだった銘柄を抽出したほうが、きれいな右肩上がりに近い形に見えます。

　中身の数値を比較すると、平均損益率は全銘柄がわずか0.47％なのに対し、抽出した銘柄は3.79％、最大ドローダウンも前者が約920万円に対し、後者が約48万円と圧倒的な差が出ています。

　もっとも、最大ドローダウンに関しては、抽出した銘柄の数が少ないことにより、同時期の売買回数が減ってドローダウンが小さくなっただけかもしれません。しかしながら、この結果から総合的に判断すると、どうやら逆張りにおいては相性の良い銘柄に絞ったほうがパフォーマンスは改善されると考えてもよさそうです。

　逆張りについてはこのような結果になりましたが、順張りについても同じことがいえるでしょうか。

【図5-12】バックテスト結果(逆張り・全銘柄)

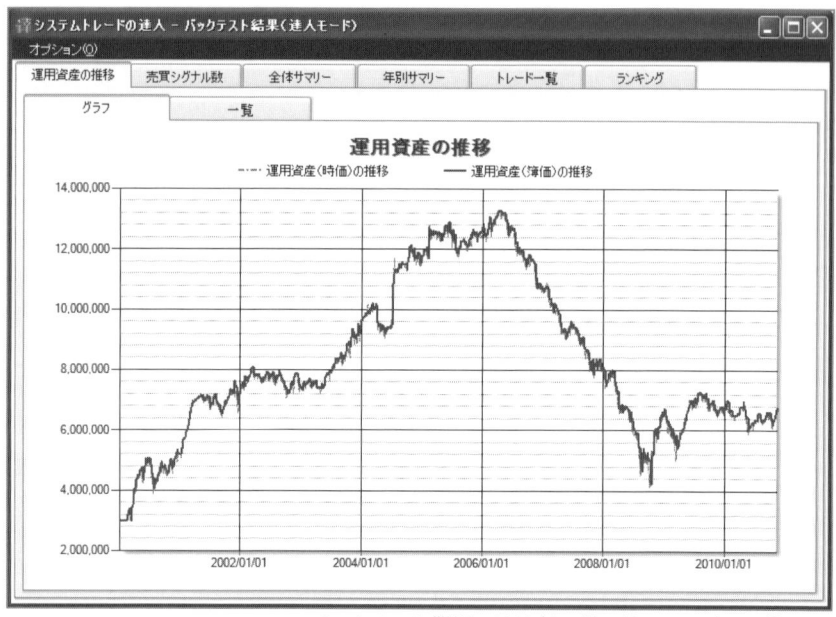

バックテスト期間:2000年1月1日～2010年11月16日

勝率:53.27%
勝ち数:1,523回　負け数:1,336回
平均損益(率):0.47%
平均利益(率):13.52%　平均損失(率):-14.40%
合計損益(円):3,780,543円

最大連勝回数:19回　最大連敗回数:14回
最大ドローダウン:9,199,422円(2008/10/10)
PF:1.068
平均保持日数:7.17日

【図5-13】バックテスト結果（逆張り・成績がプラスの銘柄のみ）

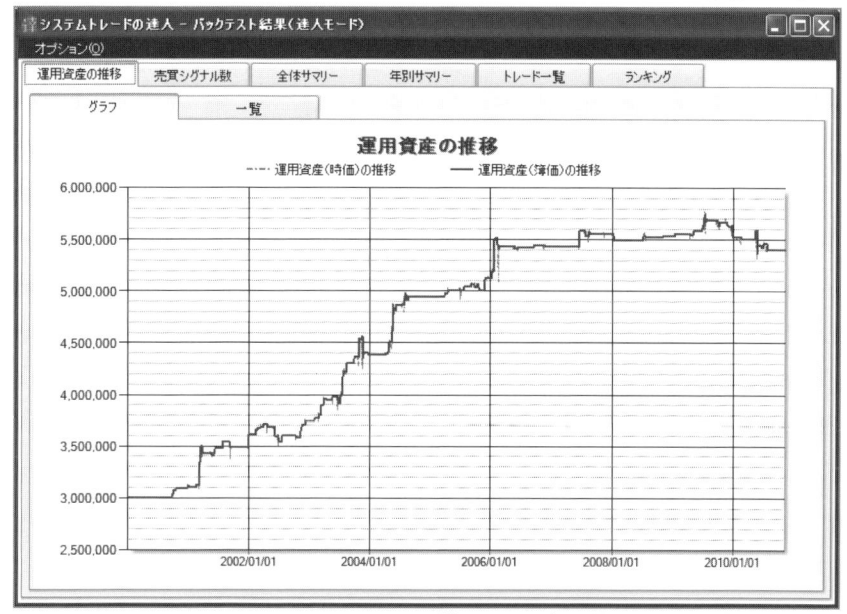

バックテスト期間：2000年1月1日～2010年11月16日

勝率：64.90 %
勝ち数：135 回　負け数：73 回
平均損益（率）：3.79 %
平均利益（率）：9.95 %　平均損失（率）：− 7.59 %
合計損益（円）：2,399,500 円

最大連勝回数：10 回　最大連敗回数：6 回
最大ドローダウン：476,300 円（2010/05/26）
PF：2.201
平均保持日数：6.03 日

図5−14は順張りを全銘柄でバックテストした結果、116ページ図5−15は順張りで前半10年間の成績がプラスだった銘柄のみをバックテストした結果です。

順張りの場合も逆張りのときと同様、資産曲線の形は抽出した銘柄のほうが良いようです。平均損益率も全銘柄が1.25％に対して、抽出した銘柄は1.71％と向上し、最大ドローダウンも半分以下になっています。やはり、抽出した銘柄のほうが有利といっていいでしょう。

今回の検証においては、逆張り、順張りともに過去に成績の良かった銘柄（相性の良い銘柄）を抽出してトレードしたほうがパフォーマンスが向上するという結果が得られました。

ただし、全銘柄だと4000銘柄ほどあるのに対し、抽出した銘柄はどちらの場合も150銘柄前後しかないため、何割かは偶然の可能性もあることを考慮に入れたほうがいいかもしれません。

また、このような実験を行うにあたっては、「逆張り系」「順張り系」と大雑把に分類する程度のシンプルな条件でバックテストを行ったほうがいいでしょう。

あまり複雑な条件でバックテストをすると、偶然性の入り込む余地が高くなり、カーブフィッティングの可能性が高くなるためです。

【図5-14】バックテスト結果（順張り・全銘柄）

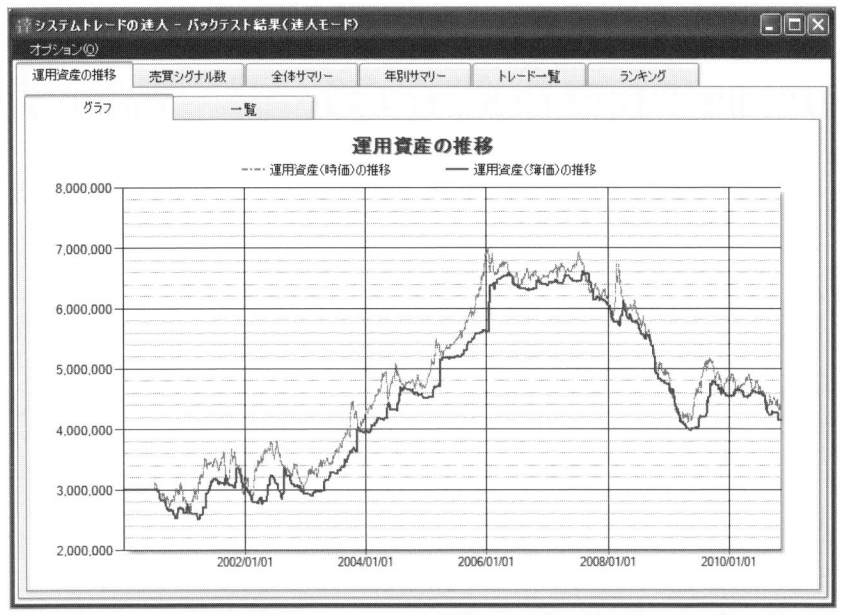

バックテスト期間：2000年1月1日～2010年11月16日

勝率：33.19 %
勝ち数：394 回　負け数：793 回
平均損益（率）：1.25 %
平均利益（率）：20.92 %　平均損失（率）：－8.52 %
合計損益（円）：1,357,439 円

最大連勝回数：8 回　最大連敗回数：22 回
最大ドローダウン：2,899,472 円（2009/04/28）
PF：1.126
平均保持日数：46.03 日

【図5-15】バックテスト結果（順張り・成績がプラスの銘柄のみ）

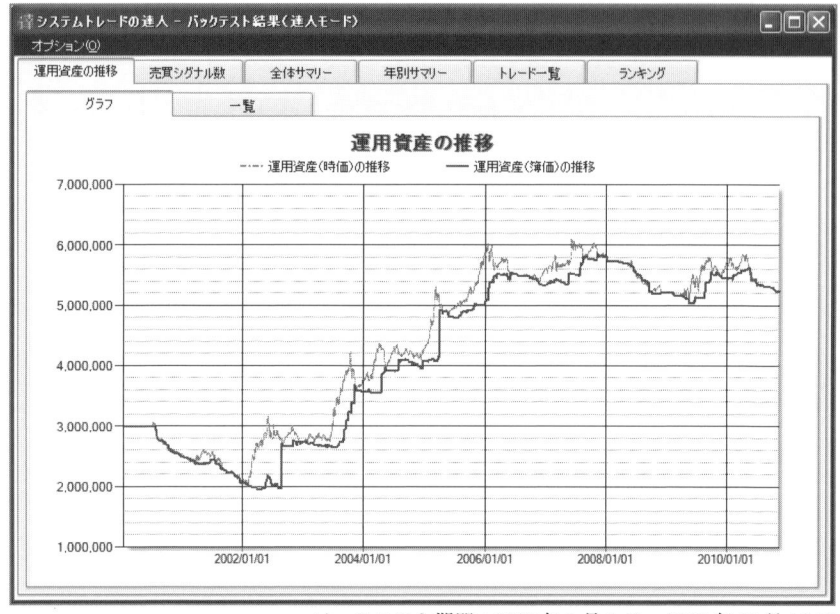

バックテスト期間：2000年1月1日～2010年11月16日

勝率：36.94 %
勝ち数：246 回　負け数：420 回
平均損益（率）：1.71 %
平均利益（率）：16.83 %　平均損失（率）：－ 7.12 %
合計損益（円）：2,215,255 円

最大連勝回数：13 回　最大連敗回数：20 回
最大ドローダウン：1,074,602 円（2002/02/05）
PF：1.394
平均保持日数：50.56 日

第6章 マネーマネジメント（資金管理）の極意

01 とるべき戦略は資金量で変わる

　トレードにおいて、「資金管理」という考え方がいかに重要なものであるかは説明するまでもないでしょう。しかし、資金管理といっても、「資金をどのくらいに分散するのか」「レバレッジの大きさはどのくらいにするのか」「運用方法は単利か複利か」など、考えなければならないことはたくさんあります。

　そこでまず、どのような資金管理で運用していくかを決めるにあたって、最初に考慮しなければならないのは、ご自身の持っている「運用資金の大きさ」です。なぜなら、たとえまったく同じ売買ルールを使ってトレードを行うにしても、資金が少ない人は資金が多い人と同じ方法で運用することは難しいからです。

　具体例をお見せしましょう。次ページの**図6－1**と**図6－2**の資産曲線を比較してみてください。この2つの資産曲線は、どちらも2005年〜2010年11月16日の期間に**まったく同じ売買ルールを使って運用**した場合のバックテスト結果です。

　使っている売買ルールがまったく同じものであるにもかかわらず、資産曲線の形が大きく異なるのは「運用資金の大きさ」が異なるためです。

　図6－1は初期の運用資金が5億円の場合、**図6－2**は初期の運用資金が50万円の場合となっており、どちらの場合も1トレードあたりに投入する金額を最大25万円以内としてバックテストしたものです。

　運用資金が5億円もあれば、25万円で買える銘柄なら一度に2000銘柄も買えるため、売買シグナルの出た銘柄をすべて仕掛けたとしても、

第❻章　マネーマネジメント（資金管理）の極意

【図6-1】運用資金5億円

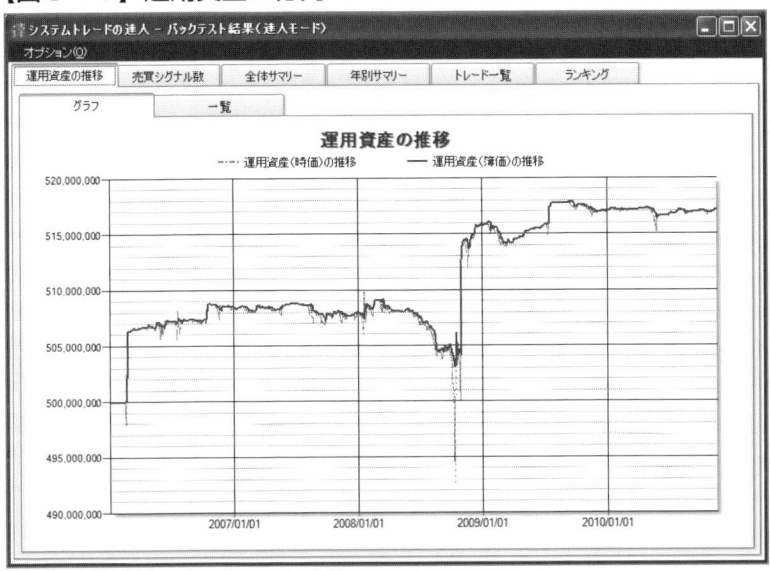

【図6-2】運用資金50万円

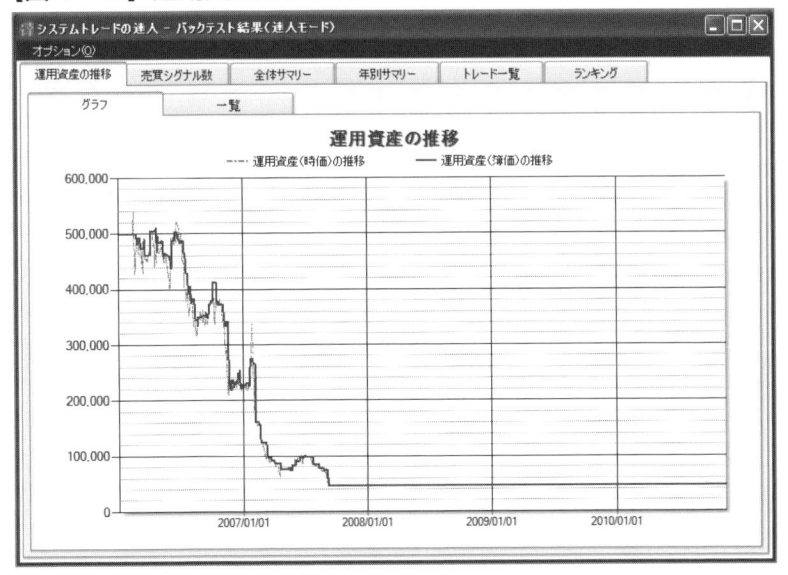

まだまだ資金に余力があることになります。つまり、ある程度、資産曲線が右肩上がりで優位性のある売買ルールを見つけてしまえば、そのシグナルにしたがって片っ端から定額（今回の例では一律25万円以内）で仕掛けていくことで、ほぼ確実に利益を得ることができるわけです。

　ところが運用資金が少ないとそうはいきません。仮に資金が50万円しかない場合、一度に数銘柄しか仕掛けることができないことになります。そのため、ほんの数銘柄のシグナルが出ただけでもすぐに資金の余力がなくなり、たまたま使っている売買ルールが苦手な相場に出くわした場合には、わずかな期間で資金を失ってしまう可能性があるのです。

　残念ながら、トレードにおいてはお金のない人よりもお金のある人のほうが有利であるのは認めざるを得ません。だからといって、それに文句を言っていても何の解決にもなりません。資金の少ない人は少ないなりの工夫をするしかないでしょう。

　また、お金の少ない人のほうが有利という見方もできます。たしかに「利益の絶対額」では運用資金が多い人のほうが有利ですが、「利回り」という考え方をした場合は、資金が少ないほうが有利な場合もあります。

　たとえば、運用資金100万円の人が年間30％の利回りをあげるのは現実的に可能な範囲に思えますが、100億円を1年間で30％も増やすのは簡単なことではないでしょう。

　つまり、運用資金が少ない人のとるべき戦略は、必然的に「高い利回りを狙った戦略」になるのではないでしょうか。逆に、運用資金が多い人がとるべき戦略は「安定性を目指した戦略」といえるかもしれません。

　もっとも、大は小を兼ねるという言葉もあるとおり、運用資金が多くても、ある程度の金額までであれば利回りを重視した戦略もとれるため、運用資金は多いに越したことはありません。

02 高利回りの秘訣は優先順位にあり

　トレードにおいては、たしかに運用資金が多いほうが有利ですが、資金の少ない人でもそれなりのパフォーマンスをあげる方法があります。それは、「良い銘柄に集中投資する」という方法です。

　ただし、良い銘柄というのは、バリュー投資のようにPERが低い銘柄とか、増収増益銘柄のことを指すわけではありません（そういう方法もあるでしょうが）。あくまでも実際のトレードで使用する売買ルール内において「優先して仕掛けるべき銘柄」のことです。

　たとえば、同じ日に10銘柄の売買シグナルが出たとしましょう。この場合、すべての銘柄を均等に仕掛けるよりも、より高い利益をあげることのできる上位の数銘柄に絞って仕掛けたほうが有利だというのは想像がつくのではないでしょうか。

　極端な話、リスクを度外視するのであれば、常にもっとも良い1銘柄に絞って仕掛けるほうが大きな利益を得ることができるという理屈になるわけです。ただし、ここで問題となるのは、どのような順序に従って仕掛ければ有利なのかがわからないことです。

　出来高の多い順に仕掛けたほうが有利なのか、大きく下落した銘柄から仕掛けたほうが有利なのか……いろいろなパターンが考えられますが、システムトレードにおいては「バックテストでもっとも成績の良かった方法」を採用するのが基本でしょう。

　本来であれば本書をご覧になっている読者の皆さん自身の手でバックテストを行っていただきたいのですが、ここではひとつだけ例を取り上げることにします。

前述したとおり、トレードにおいては「短期では逆張りが有利、長期では順張りが有利」という傾向があります。つまり、短期間で下げすぎた銘柄は反発（上昇）する傾向があり、長期間にわたって上昇している銘柄はさらに上昇する傾向にあるわけです。
　この傾向を利用して優先順位を考えてみると、どうなるでしょうか。短期間で大きく下落した順に買いを入れるのであれば「短期移動平均からの乖離率が小さい順（昇順）」とか「RSIの小さい順」ことになるでしょうし、長期間で上昇している順に買うのであれば「長期移動平均からの乖離率が大きい順（降順）」ことになるのではないでしょうか。
　ここでは、長期のトレンドを優先して、「150日移動平均からの乖離率」を基準にバックテストを行ってみることにしましょう。「150日移動平均からの乖離率が小さい順（昇順）」であれば、長期のトレンドが下落トレンド気味の銘柄から優先して仕掛けることになりますし、反対に「150日移動平均からの乖離率が大きい順（降順）」であれば、上昇トレンド気味の銘柄を優先して仕掛けることになります。

　図6-3と**図6-4**（124ページ）は、仕掛ける際の優先順位をそれぞれ「150日移動平均からの乖離率が小さい順（昇順）」（以下、「昇順」と表記）と「150日移動平均からの乖離率が大きい順（降順）」（以下、「降順」と表記）に分けてバックテストしたものです。
　また、売買ルールについては、第3章で解説した「押し目買い」をそのまま使用（優先順位を除く）しています。

【図6-3】バックテスト結果（150日移動平均乖離率・昇順）

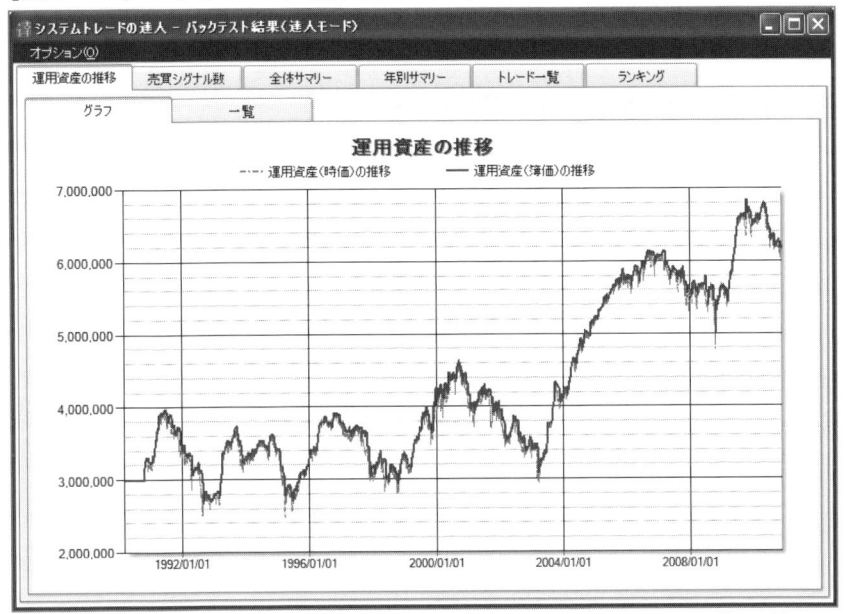

バックテスト期間：1990年3月1日～2010年11月16日

勝率：57.57％
勝ち数：1,890回　負け数：1,393回
平均損益（率）：－0.11％
平均利益（率）：3.43％　平均損失（率）：－4.92％
合計損益（円）：3,245,565円

最大連勝回数：19回　最大連敗回数：13回
最大ドローダウン：1,635,251円（2003/03/19）
PF：1.124
平均保持日数：10.63日

【図6-4】バックテスト結果（150日移動平均乖離率・降順）

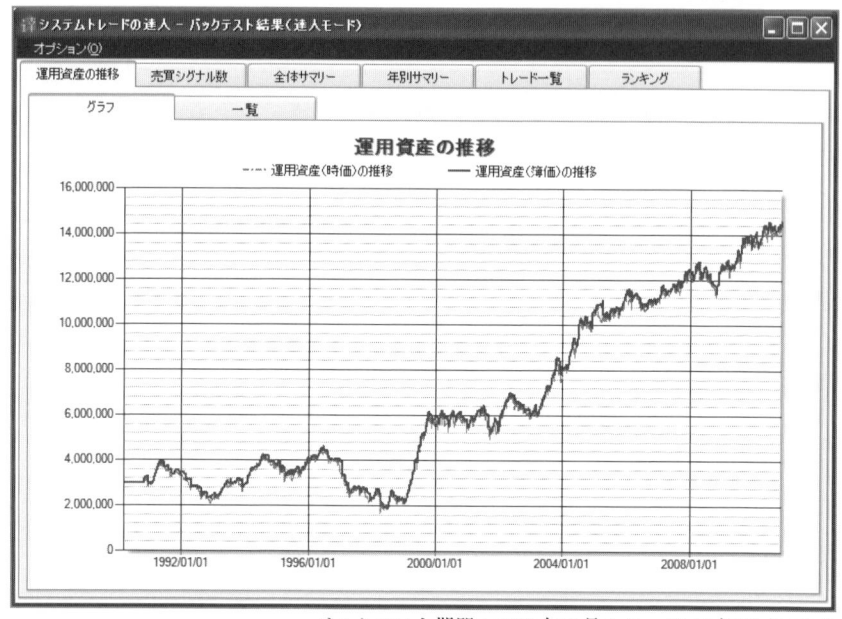

バックテスト期間：1990年3月1日～2010年11月16日

勝率：61.29％
勝ち数：1,879回　負け数：1,187回
平均損益（率）：0.83％
平均利益（率）：7.14％　平均損失（率）：－9.14％
合計損益（円）：11,502,109円

最大連勝回数：18回　最大連敗回数：15回
最大ドローダウン：2,783,206円（1998/04/02）
PF：1.246
平均保持日数：11.49日

バックテスト結果の資産曲線を見ると、昇順と降順の場合では最終的な利益にかなりの差が出ていることがわかります。昇順で仕掛けた場合の合計損益は約325万円なのに対し、降順で仕掛けた場合は約1150万円となっています。

　また、全体的に昇順で仕掛けた場合のほうが損益の波が激しい（安定性がない）ように見受けられます。

　この結果からわかることは、やはり長期のトレンドには逆らわずに，大きく上昇している銘柄から優先して買い付けたほうが成績が良いということです。

　この例では、「150日移動平均からの乖離率」を基準に仕掛けの優先順位を決めていますが、他の指標を基準にするともっと異なる結果が出るかもしれませんので、いろいろと検証してみるといいでしょう。

　ここでは、まったく同じ売買ルールでトレードしたとしても、仕掛ける際の優先順位が異なるだけでパフォーマンスに大きな差が出るということを理解していただくだけで十分です。

　本来であれば、仕掛ける際の優先順位については第5章で取り上げるつもりでしたが、優先順位と資金管理は密接に絡んでくるため、あえてこの第6章で取り上げることにしました。

03 集中投資と分散投資

　少ない銘柄に集中して仕掛けるのと、多くの銘柄に分散して仕掛けるのではどちらがいいかということはよく議論になりますが、システムトレードでは一定の答えを示すことができます。

　そもそも、「銘柄の分散」は何のために行うかといえば、1銘柄（あるいは数少ない数銘柄）に不測の事態があったときのリスクを軽減するためでしかありません。

　つまり、常に1銘柄に集中投資していたときに、その銘柄が運悪く倒産してしまうと、すべての資金を失うことになります。

　ところが2銘柄に分散していれば、保有している1銘柄が倒産しても50％の損失であり、10銘柄に分散した場合はわずか10％の損失で済むわけです。

　分散すればするほど、倒産リスクなどを軽減できるのであれば、できるかぎり多くの銘柄に分散すればいいということになりますが、残念ながらそういうわけでもありません。なぜなら、多くの銘柄に分散するほど利回りが低下するからです。

　前節で書いた「優先順位」について、もう一度思い返していただきたいのですが、「優先順位の高い銘柄」＝「利益率の高い銘柄」と考えるのであれば、優先順位の高い銘柄から順番に仕掛けたほうが、より大きな利益を得ることができるはずです。これは、**図6-5**を使ってご説明しましょう。

【図6-5】売買シグナルの優先順位

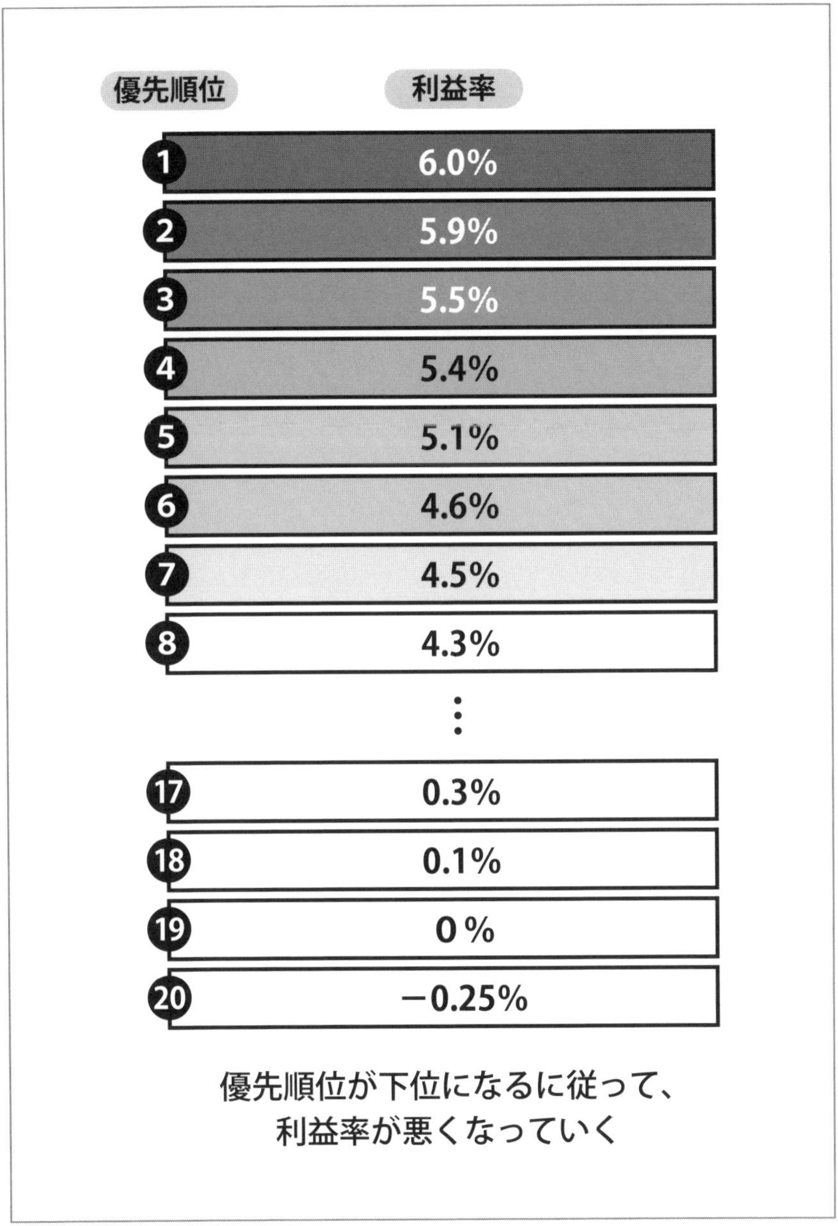

優先順位	利益率
1	6.0%
2	5.9%
3	5.5%
4	5.4%
5	5.1%
6	4.6%
7	4.5%
8	4.3%
⋮	⋮
17	0.3%
18	0.1%
19	0%
20	-0.25%

優先順位が下位になるに従って、利益率が悪くなっていく

この図は、同じタイミングで売買シグナルが出た銘柄を「利益率の高い順」に並べ替えたものをイメージしています。もちろん、実際にはどの銘柄を仕掛けた場合に利益率が高いのかを正確に知るすべはありませんので、「利益率が高いと推測される順」（150日移動平均からの乖離率が大きい順など）といったほうがいいかもしれません。

　図を見ると、優先順位が上位の銘柄ほど利益率が高いということがわかると思います。この場合、1～20銘柄までのすべての銘柄を仕掛けるのと、優先順位が上位の数銘柄だけに絞って仕掛けるのとでは、どちらのほうが利益を得ることができるかはいうまでもありません。当然、全銘柄に仕掛けるよりも上位10銘柄、上位10銘柄よりも上位2銘柄に仕掛けたときのほうが利益率は良いに決まっています。

　このことからもわかるように、利益の大きさという観点で見た場合には、ある程度優先順位が上位の数銘柄に限定して仕掛けたほうがいい、ということがいえるのです。

　分散する銘柄の数によって、利益にどれだけの差が出るかというのは、使用する売買ルールや優先順位の種類にもよりますが、一例として、ここでは売買ルールを「押し目買い」、仕掛けるときの優先順位を「終値と5日移動平均の乖離率が小さい順（昇順）」としてバックテストを行った結果をご覧いただきたいと思います。

　図6－6は資金を2銘柄に分散した場合、**図6－7**（130ページ）は10銘柄に分散した場合、**図6－8**（131ページ）は20銘柄に分散した場合のバックテスト結果です。これらを見ると、分散する銘柄の数を増やすごとに全体的なパフォーマンスが悪化していることがわかります。平均損益率は2銘柄へ分散した場合は1.84％ありますが、10銘柄では1.15％、20銘柄ではわずか0.3％しかありません。

第❻章　マネーマネジメント（資金管理）の極意

【図6-6】バックテスト結果（2銘柄に分散）

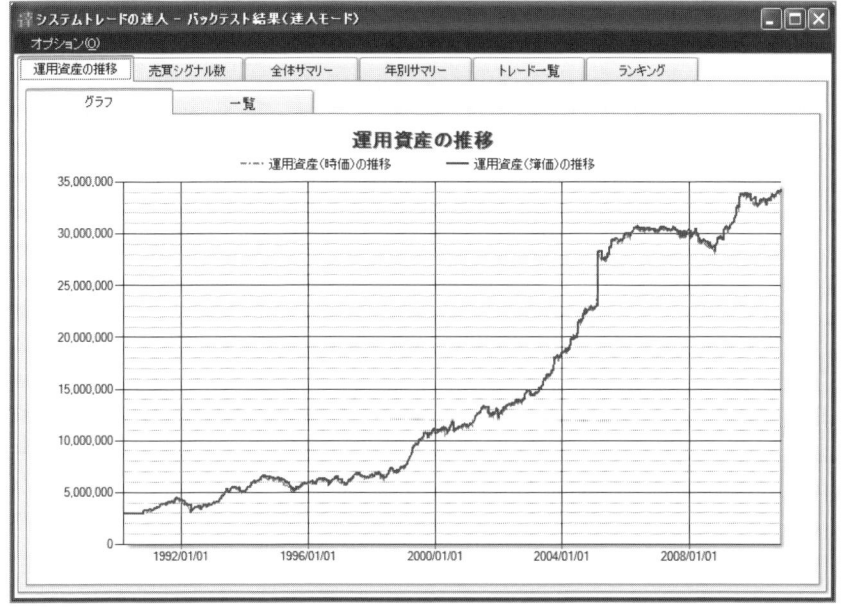

バックテスト期間：1990年3月1日～2010年11月16日

勝率：61.88％
勝ち数：1,597回　負け数：984回
平均損益（率）：1.84％
平均利益（率）：8.68％　平均損失（率）：－9.22％
合計損益（円）：31,095,582円

最大連勝回数：17回　最大連敗回数：15回
最大ドローダウン：2,647,960円（1998/04/02）
PF：1.733
平均保持日数：12.12日

【図6-7】バックテスト結果（10銘柄に分散）

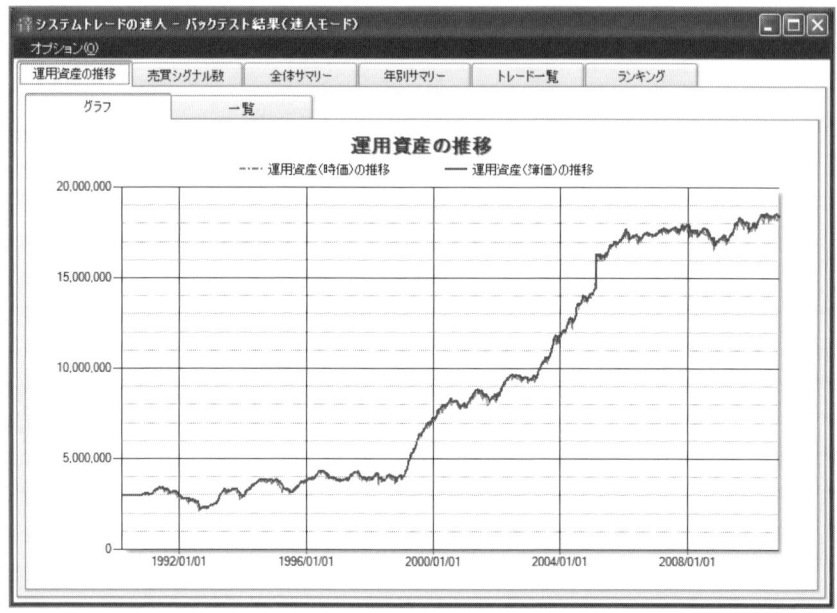

バックテスト期間：1990年3月1日～2010年11月16日

勝率：61.87％

勝ち数：4,193回　負け数：2,584回

平均損益（率）：1.15％

平均利益（率）：6.79％　平均損失（率）：－7.96％

合計損益（円）：15,350,263円

最大連勝回数：22回　最大連敗回数：14回

最大ドローダウン：1,395,069円（2008/10/10）

PF：1.414

平均保持日数：11.78日

第❻章　マネーマネジメント（資金管理）の極意

【図6-8】バックテスト結果（20銘柄に分散）

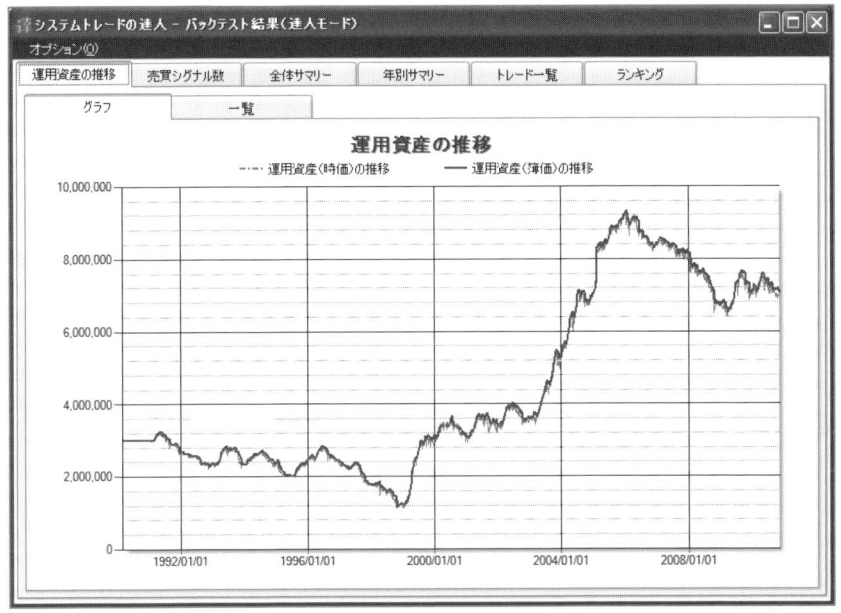

バックテスト期間：1990年3月1日～2010年11月16日

勝率：57.11％
勝ち数：6,552回　負け数：4,920回
平均損益（率）：0.30％
平均利益（率）：5.60％　平均損失（率）：－6.74％
合計損益（円）：4,027,994円

最大連勝回数：45回　最大連敗回数：22回
最大ドローダウン：2,901,701円（2009/03/10）
PF：1.123
平均保持日数：11.30日

この結果からも、正しい優先順位に従って仕掛けるかぎりにおいては、すべての銘柄に仕掛けるよりも、上位の銘柄に絞って仕掛けたほうがパフォーマンスは向上することがおわかりいただけるのではないでしょうか。

　また、逆の言い方をすれば、分散する銘柄の数を増やすほど成績が悪くなっていく場合は、基準として使用している優先順位が正しいということがいえるわけです。

　ただし、いくら集中投資のほうが良いとはいえ、やはり常に１、２銘柄に投資し続けた場合には、いずれ大きな損失を招く恐れもあるため、最低でも４、５銘柄程度には分散するほうが望ましいでしょう。

04 単利と複利によるパフォーマンスの違い

　運用方法には大きく分けて、「単利運用」と「複利運用」があります。単利運用は基本的に元本を固定して運用する方法で、複利運用はトレードで得た利益を再投資して資金効率を最大化する方法です。

　単利運用が足し算型の運用であれば、複利運用は掛け算型の運用方法と考えればわかりやすいでしょう。

　単利運用と複利運用の違いを軽く見ている方もいますが、実際にバックテストを行ってみるとかなりの違いがでることに気がつくはずです。たとえば、次ページの**図6−9**（単利運用）と**図6−10**（複利運用）を比較してみてください。

　どちらも同じ売買ルールのバックテスト結果であるため、一見して同じような資産曲線を描いていますが、よく見ると資産の動きの大きさにかなりの違いがあります。

　単利運用（**図6−9**）の場合、元本300万円が最終的に約700万円になり、複利運用の場合は約1000万円になっているため、最終的な利益の大きさだけでいえば複利運用に軍配が上がります。しかし、途中経過ではどうでしょうか。

　たとえば、2009年半ばから終わりにかけて比較的大きなドローダウンがありますが、単利運用では約750万円→約650万円と100万円程度のドローダウンでしかないのに対し、複利運用では約1200万円→約800万円と400万円ものドローダウンが生じていることがわかります。

　つまり、複利運用は単利運用に比べて資産の変動が大きくなるため、利益が大きいだけでなく、損失を受けた場合も大きくなるのです。

【図6-9】バックテスト結果(単利運用)

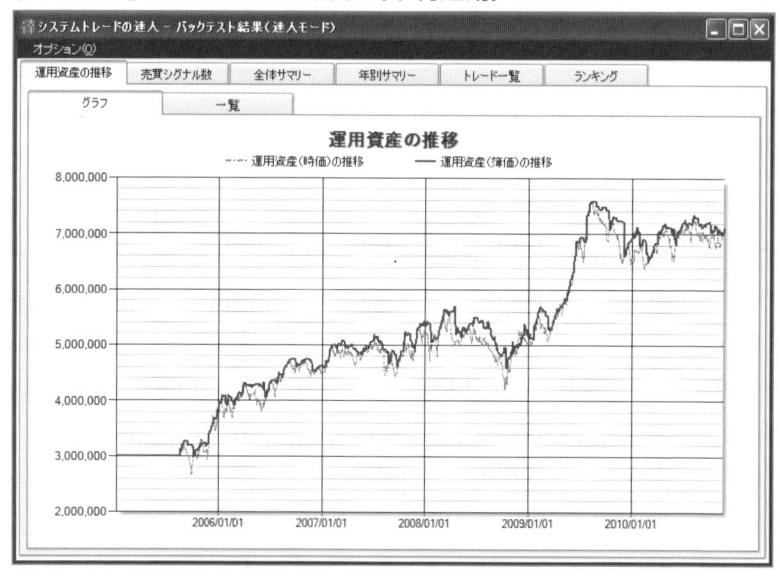

【図6-10】バックテスト結果(複利運用)

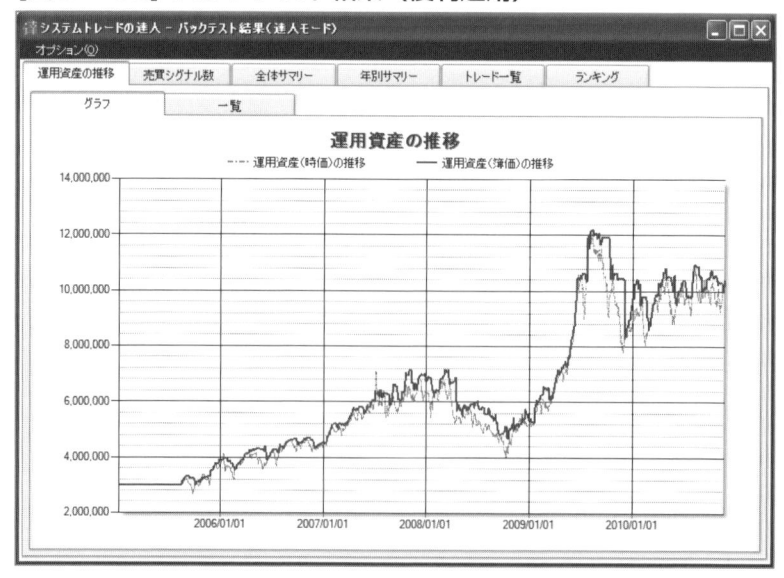

少ない資金を効率的に増やしていくのであれば複利運用、安定性を重視した保守的な運用をするなら単利運用をするのがいいと思いますが、実際にはほとんどの方が複利で運用するでしょう。

　そこで気をつけていただきたいのが、バックテストの仕方です。

　最初に売買ルールのバックテストを行う際には、単利運用で行うのが基本ですが、単利運用によるバックテストではおよその損益の傾向を調べることが目的になるため、複利で運用した場合の正確なドローダウンの大きさはわかりません。

　そこで、ある程度良い資産曲線の売買ルールができた段階で、必ず複利運用でのバックテストを行うことをおすすめします。

　単利運用でバックテストを行ったときには良いと思った売買ルールでも、複利運用だとドローダウンが大きすぎて使い物にならないといったケースは比較的多いのです。

　逆に言えば、複利運用でも安定した資産曲線になるような売買ルールであれば、実運用にも耐えることができると考えてもいいでしょう。

05 分割売買は有効か？

　相場の世界には昔から「ナンピン（難平）」や「乗せ」といわれるような資金管理の方法があります。昔ながらの表現方法で言えば「建て玉の操作」といったところでしょうか。

　目的は平均単価を下げるためであったり、相場の動きに追従することであったりとさまざまですが、いずれの場合も大きな意味では「分割売買」ということになります。

　分割売買というからには、一度に買い付けるのではなく、2回以上に分けて仕掛けを行うわけですが、果たしてこのような方法にはどのような効果があるのでしょうか。

　そこで、ここでは分割売買の効果を調べるための簡単なバックテストを行ってみました。

　具体的なバックテストの方法ですが、「同じ日に仕掛けることのできる資金量を20％までに制限する」という方法をとっています。

　これはどういうことかというと、運用資金が100万円の場合、1日に仕掛けることのできる金額を20万円までに制限するということです。つまり、どんなにたくさんの銘柄にシグナルが出たとしても、1日に全運用資金の20％までしか仕掛けることができないことになります。

　この方法は、1銘柄に対して何度も仕掛けを行うことを想定したものではなく、あくまでも運用資金全体を分割して仕掛けることの効果を測定するのが目的です。

逆張りと順張りでは分割売買の効果が異なる可能性があるため、両方の売買ルールについてバックテストを行っていますが、まずは逆張りから見てみましょう。

　次ページ**図6－11**が逆張りを通常の方法（分割売買なし）で仕掛けた場合、**図6－12**が分割売買を行った場合の結果となっています。

　資産曲線を比較した印象では、分割売買を行った場合のほうが損益の波が若干緩やかになった感じがします。

　実際に数字を比較してみても、資産のピークは分割売買を行わない場合のほうが大きいのですが、逆にドローダウンの大きさは分割売買を行った場合のほうが小さくなっています。

　おそらくこれは、下落相場では何回かに分けて仕掛けることができるため、平均単価が低くなり、一度に仕掛けた場合に比べて損失が小さくなるためだと推測できます。

　逆に上昇相場の場合は、仕掛けるチャンスを逃すことが多くなり、一度に仕掛けた場合よりも利益が小さくなるのではないでしょうか。

　ただし、どちらの場合においても資産曲線の形が大きく異なるわけではないため、効果は限定的です。

　一方、順張りの場合はどうでしょうか。同じく139ページの**図6－13**は順張りを通常の方法（分割売買なし）で仕掛けた場合、**図6－14**が分割売買ありで仕掛けた場合のバックテスト結果です。

　一見すると分割売買あり（**図6－14**）のほうが最終的な利益がかなり大きくなっているようですが、よく内容を見てみると2000年に入る直前あたりに大きな利益が集中しています。

　順張りについては、ときどき大当たりの銘柄が出るため、これについては偶然の結果かもしれません。

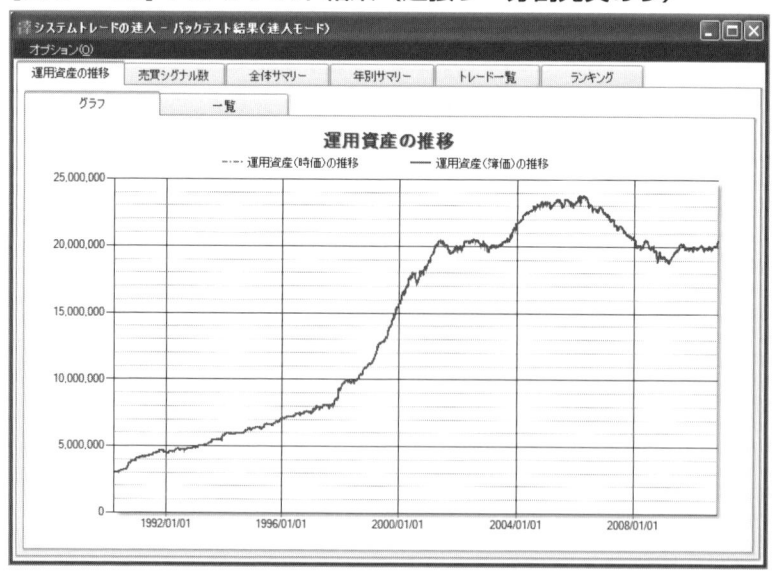

【図6-11】バックテスト結果（逆張り・分割売買なし）

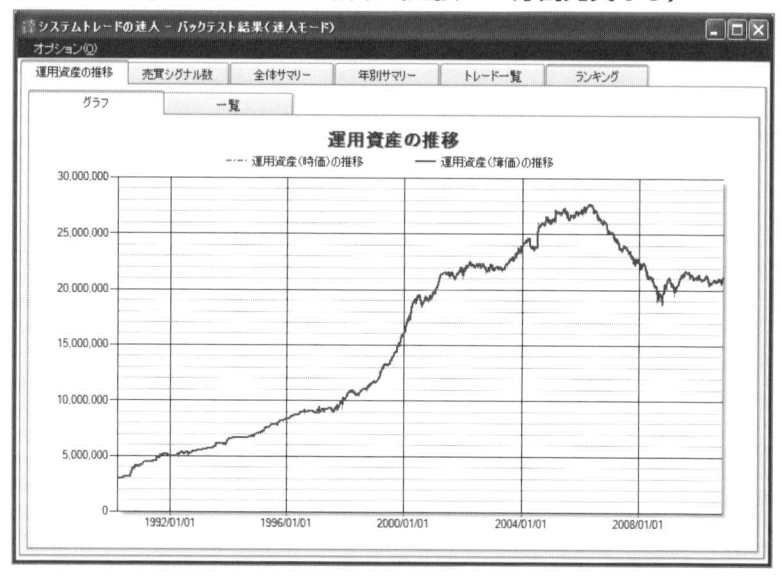

【図6-12】バックテスト結果（逆張り・分割売買あり）

【図6-13】バックテスト結果（順張り・分割売買なし）

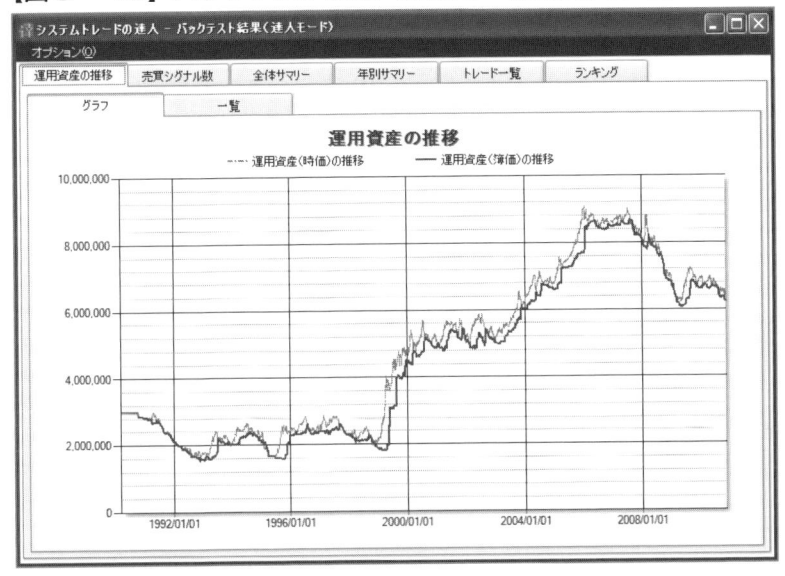

【図6-14】バックテスト結果（順張り・分割売買あり）

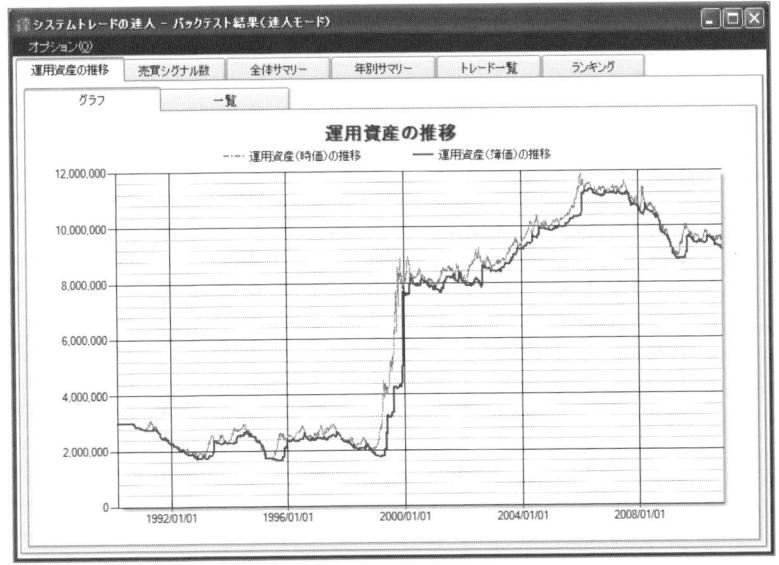

仮に大きな利益を偶然と割り切り、この部分を除外して比較してみると、資産曲線の形や最終的な利益はほとんど変わらないことがわかります。つまり、順張りに関しては分割売買の効果はほとんど見られないといえそうです。

　もっとも、順張りは逆張りと比べると保有期間が極端に長いため、売買回数が少なくなり、偶然の紛れ込む余地が大きくなります。そのため、確実に効果がないと断言するまでには至りませんが、目に見えてはっきりとわかるほどの効果はなさそうです。

　この結果から判断すると、逆張りに関しては若干資産の動きを小さくする（安定化させる）効果は確認できるものの、パフォーマンスを決定的に変えるほどの効果ではありません。

　逆張り、順張りのどちらにおいても効果は限定的であり、分割売買に依存して売買ルールのパフォーマンスを向上させることは、あまり期待しないほうがいいといえそうです。

第7章

勝ち続けるための5つの戦略

01 目的に合わせたシステムを構築しよう

　これまでの章は、システムトレードを実践していくうえで最低限必要な基本的な考え方について解説しました。しかし、いざこれから自分でオリジナルのシステムを構築していこうと考えたとき、「何からやっていけばいいのかわからない」という方もいらっしゃるでしょう。

　そこで第7章では、実際に具体的なシステムを紹介しながら、私がどのような発想を元にそのシステムを構築したかについて解説します。

　具体的なシステムを紹介するといっても、本書をご覧になっている方はそれぞれ持っている資金量も異なれば運用方針もまちまちです。多少リスクが高くても利回りが高いほうがいいという方もいれば、利回りは低くてもとにかく安定して利益の出るシステムがいいという方もいるでしょう。人それぞれで運用方針が違うのは当然のことです。

　そういったことを考慮して、特徴の異なる5つのシステムを紹介します。読者の皆さんにとっても、複数の選択肢があったほうが自分の好みに近いシステムを選択できますし、例は多いほうがいいでしょう。

　ただし、本章で紹介するシステムは、あくまでもご自身でシステムを構築する際のヒントとして活用していただくことを想定したもので、最適化もしていなければ慎重なフォワードテストも行っていないため、実際にトレードで使用する場合にはくれぐれもご注意ください。

　逆に言えば、ご自身でさらに調整や改良を行うことで、まだまだパフォーマンスを向上させる余地があるということです。むしろそれを楽しんでいただくほうがいいかもしれません。システムトレードの醍醐味は、自分自身で構築したシステムで運用をすることにあるのですから…。

02 システム❶ 年に数回のチャンスで決める
【逆張り100＆順張り100戦略】

　最初に紹介するシステムは、これまでに紹介した売買ルールを応用したもので、逆張りと順張りの組み合わせで構成されています。つまり、2つの売買ルールで1つのシステムが作られていることになります。

　このシステムについて解説するには、まず複数の売買ルールを組み合わせる意味についてお話しておく必要があるでしょう。

　売買ルールにはさまざまなタイプのものがありますが、1つのルールだけで完璧なものはなかなか見つかりません。仮にあったとしても、他のルールと組み合わせることで、さらにパフォーマンスを向上させることができる可能性があります。

　もちろん、同じ逆張り系どうしの組み合わせなど、特徴が似すぎているものだけを組み合わせても効果は低いのですが、「逆張り系＋順張り系」のようにタイプの異なるルールの組み合わせはうまくいく場合が多いのです。

　相性の良い組み合わせの例としては、「得意な時期（成績の良い時期）と苦手な時期（成績の悪い時期）が重ならないこと」あるいは「売買シグナルの出る時期が重ならないこと」のいずれかを満たしているのがポイントです。もちろん、両方の条件を満たしていれば申し分ありません。

　これから紹介する逆張り系と順張り系のルールを組み合わせたシステムは、どちらかというと後者の条件を満たしたものといえます。

　それでは早速、売買ルールの内容からご説明しますが、逆張りと順張りで別々に説明したほうがいいでしょう。

まずは逆張りの売買ルールからです。

■売買ルール①　逆張り（シグナル数100以上）

- ●仕掛け（買い）ルール

  下記の条件を満たした場合、翌日の寄付き（始値）で買い

  ただし、条件を満たした銘柄が100銘柄未満のときは無視するものとする（仕掛けない）

  ・終値と移動平均（5日）の乖離率が－10％以下　かつ、
  ・平均売買代金（30日）が3000万円以上

- ●決済（売り）ルール

  下記の条件を満たした場合、翌日の寄付き（始値）で売り

  ・終値と移動平均（5日）の乖離率が0％以上　または、
  ・仕掛けた日から10日間以上が経過（休日を含む）

バックテスト対象	東証、大証、名証、ジャスダック（旧ヘラクレス含む）の全銘柄
資金の配分方法	運用資金を5銘柄に分散
優先順位	終値と5日移動平均の乖離率（昇順）

　基本は第4章で紹介した逆張りそのものですが、シグナル数をフィルターとして使用しています（太字で記載の部分）。

　つまり、逆張りのルールを満たした銘柄が100銘柄以上発生したときにだけ仕掛けを行うことになります。

続いて、順張りのほうの売買ルールは下記のとおりです。

■売買ルール②　順張り（シグナル数100以上）

●仕掛け（買い）ルール

下記の条件を満たした場合、翌日の寄付き（始値）で買い

ただし、条件を満たした銘柄が100銘柄未満のときは無視するものとする（仕掛けない）

- 終値が過去120日間で最大の終値を更新　かつ、
- 平均売買代金（30日）が3000万円以上（※任意）

●決済（売り）ルール

下記の条件を満たした場合、翌日の寄付き（始値）で売り

- 終値が過去20日間で最小の終値を更新

バックテスト対象	東証、大証、名証、ジャスダック（旧ヘラクレス含む）の全銘柄
資金の配分方法	運用資金を10銘柄に分散
優先順位	終値と5日移動平均の乖離率（昇順）

こちらも同様に第4章で紹介した順張りにシグナル数のフィルター（太字で記載の部分）を追加したもので、順張りのシグナルが100銘柄以上のときにしか仕掛けないことになります。

逆張り、順張りともにどちらも第5章で解説したシグナル数のフィルターを使用したものですが、もしかするとこれを見ただけで、何をやりたいのかがわかった方もいらっしゃるのではないでしょうか。

ご想像のとおり、逆張りと順張りにシグナル数のフィルターを加えることで、株式市場が暴落したときと急騰したときだけにトレードを行うシステムを作ろうという意図があります。

　シグナル数が100銘柄というのは滅多に出るような数ではありません。逆張りであれば株式市場が暴落したときだけでしょうし、順張りであればよほど急騰したときだけということになります。すると、この2つのルールを組み合わせることで、株式市場の暴落時と急騰時のみにトレードをするシステムができあがるというわけです。

　実際に、この2つのルールを組み合わせるとどのような効果があるのかを見てみましょう。

　図7－1は逆張りルールのみで運用した場合の資産曲線グラフ、**図7－2**は順張りルールのみで運用した場合の資産曲線グラフです。

　この2つはすでに第5章でご覧いただいたものと同じですので、とくに説明の必要はないでしょう。問題はこの2つのルールを組み合わせて運用した場合にどうなるかということです。

　逆張り、順張りの2つのルールを下記の詳細に従って運用したときのバックテスト結果が**図7－3**（148ページ）となります。なお、**図7－4**（150ページ）は年別の結果です。

■バックテストの詳細設定

バックテスト期間	1990年3月1日～2010年11月16日
手数料（往復）	1000円
初期の運用資金	300万円
運用方法	単利運用（常時元本を固定）

【図7-1】逆張り(シグナル数100以上)の資産曲線

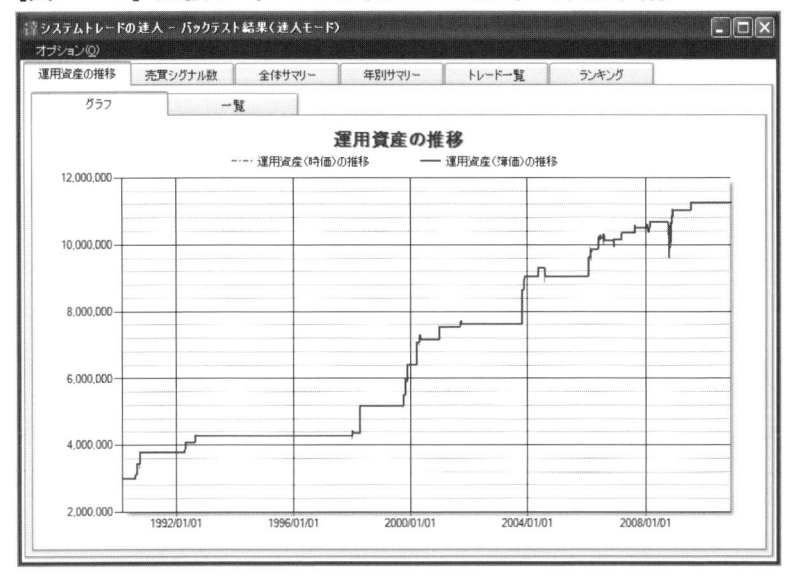

【図7-2】順張り(シグナル数100以上)の資産曲線

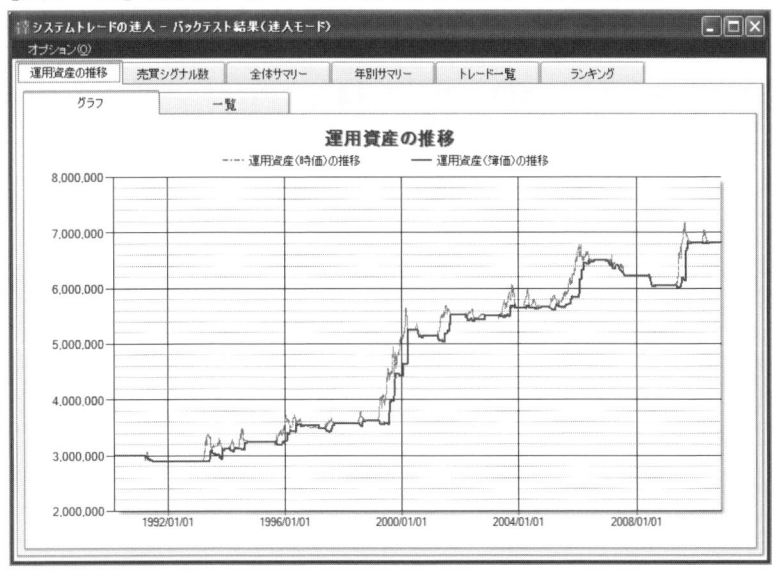

【図7-3】バックテスト結果（逆張り100＋順張り100）

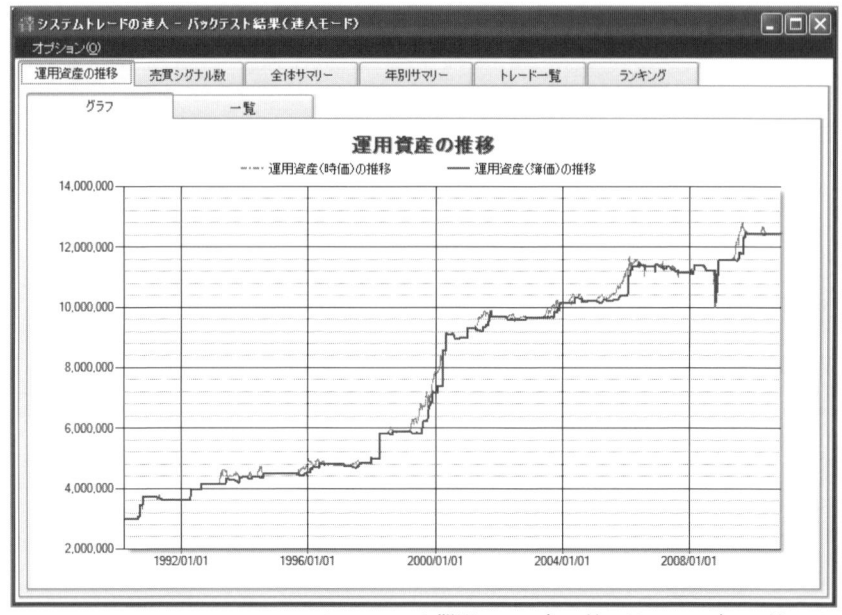

バックテスト期間：1990年3月1日〜2010年11月16日

勝率：48.61％
勝ち数：351回　負け数：371回
平均損益（率）：4.23％
平均利益（率）：16.15％　平均損失（率）：－7.04％
合計損益（円）：9,459,241円

最大連勝回数：12回　最大連敗回数：13回
最大ドローダウン：1,734,154円（2008/10/17）
PF：2.556
平均保持日数：43.97日

このバックテストの結果で注目していただきたいのは、逆張りのみ、あるいは順張りのみを単体で運用したときよりも最終的な利益が大きくなっていることです。

　自分の運用する資金（この場合は300万円）はひとつしかありませんから、単純に逆張りと順張りを足し算した利益にはなりませんが、どちらか片方だけで運用するよりもパフォーマンスが向上していることがわかります。

　つまり、ひとつのルールだけで運用するよりも、複数のルールを併用して運用したほうが、チャンスが増えて資金効率が良くなり、その結果、利回りを高めることができるのです。

　このバックテストは単利運用で実施しているため、利回りは低めになっていますが、複利で運用した場合には当然、もっと高い利回りになります。

　ただし、この2つのルールを組み合わせたシステムの難点をあえてあげるなら、2008年の後半に発生した暴落で大きなドローダウンが発生していることです。単利運用ではそれほど大きなドローダウンに見えませんが、直前に複利で運用を始めた方にとってはかなり大きな損失となったかもしれません。

　ここでは「複数の売買ルールを組み合わせる」ことの効果を説明するのが主な目的であるため、組み合わせた売買ルールは2つだけですが、システムの欠点を補うようなルールをさらに追加していくことで、もっとパフォーマンスを向上させることが可能です。

【図7-4】バックテスト結果（年別）

年	利回り（時価）	勝率	平均損益（率）	合計損益（円）
1990	23.71%	82.35%	10.36%	711,400 円
1991	-2.67%	25.00%	-3.18%	-99,200 円
1992	14.94%	92.31%	11.98%	539,800 円
1993	5.05%	48.28%	3.01%	220,200 円
1994	3.20%	65.38%	2.70%	129,200 円
1995	9.75%	46.15%	0.78%	18,900 円
1996	-3.59%	51.06%	2.29%	275,720 円
1997	3.98%	57.89%	4.51%	214,800 円
1998	18.63%	50.00%	10.69%	864,500 円
1999	34.68%	52.27%	12.85%	1,291,600 円
2000	17.80%	60.61%	17.82%	2,154,438 円
2001	3.94%	54.17%	7.08%	367,599 円
2002	-0.20%	26.09%	0.10%	-19,260 円
2003	4.77%	42.62%	2.99%	461,189 円
2004	1.04%	53.33%	0.07%	91,240 円
2005	9.84%	40.63%	1.15%	169,154 円
2006	1.46%	57.81%	6.39%	1,028,340 円
2007	-2.17%	24.19%	-2.38%	-258,880 円
2008	3.82%	51.11%	-0.36%	426,766 円
2009	7.47%	45.95%	9.99%	865,675 円
2010	0.05%	45.00%	-0.01%	6,060 円

03 システム❷ 買いと売りを組み合わせた安定型の逆張り
【逆張り４／４ロングショート戦略】

　次に紹介するシステムは、逆張りの買い（ロング）と売り（ショート）を組み合わせた、いわゆる「ロングショートタイプ」の戦略です。

　逆張りというと、大きく急落した銘柄を買い付ける（買いの場合）というイメージがあると思いますが、ここで紹介する逆張りは買いと売りを組み合わせることで安定化を図っているため、上昇率や下落率の大きさはあまり重視しません。

　通常、逆張り系の売買ルールはドローダウンが非常に大きいという欠点を抱えていますが、買いだけでなく、売りを均等に組み合わせることで、株式市場の状況とは関係なく、安定して利益をあげようというのがこのシステムのコンセプト（目的）です。

　まずはそれぞれの売買ルールからご説明しましょう。

■売買ルール①　逆張り（買い）

●仕掛け（買い）ルール

　下記の条件を満たした場合、翌日の寄付き（始値）で買い

- 終値が過去４日間で最小の終値を更新　かつ、
- **終値が移動平均（150日）より大きい　かつ、**
- 平均売買代金（30日）が3000万円以上（※任意）

●決済（売り）ルール

　下記の条件を満たした場合、翌日の寄付き（始値）で売り

- 終値が過去４日間で最大の終値を更新

バックテスト対象	東証一部の貸借銘柄のみ
資金の配分方法	運用資金を5銘柄に分散
優先順位	終値と5日移動平均の乖離率（昇順）

■売買ルール②　逆張り（売り）

●仕掛け（売り）ルール

下記の条件を満たした場合、翌日の寄付き（始値）で売り

- 終値が過去4日間で最大の終値を更新　かつ、
- **終値が移動平均（150日）より小さい　かつ、**
- 平均売買代金（30日）が3000万円以上（※任意）

●決済（買い）ルール

下記の条件を満たした場合、翌日の寄付き（始値）で買い

- 終値が過去4日間で最小の終値を更新

バックテスト対象	東証一部の貸借銘柄のみ
資金の配分方法	運用資金を5銘柄に分散
優先順位	終値と5日移動平均の乖離率（降順）

　売買ルールをご覧になってわかるとおり、買い、売りともにどちらも「過去4日間の安値更新で買い」「過去4日間の高値更新で売り」というのが基本になっています。これだけだと第3章で解説した売買ルールそのものですが、どちらにも「トレンドの判定（太字で記載の部分）」が含まれているというのがポイントです。

　買いの場合は「終値が150日の移動平均よりも大きい」という条件が入ることによって、株価が上昇トレンドの銘柄しか仕掛けないことにな

り、売りはその逆で下落トレンドの銘柄しか仕掛けないことになるわけです。そういう意味では、完全な逆張りというよりは押し目買い（売りの場合は戻り売り）に近いシステムといえるでしょう。

買いと売りを組み合わせた効果を見るために、最初に買いと売りを下記の詳細に従って別々にバックテストした結果を掲載します。

■バックテストの詳細設定

バックテスト期間	1990年3月1日～2010年11月16日
手数料（往復）	1000円
初期の運用資金	300万円
運用方法	単利運用（常時元本を固定）

次ページの**図7－5**が買いのみ、**図7－6**が売りのみの資産曲線です。

どちらも全期間を通してある程度、右肩上がりの資産曲線を描いていますが、細かい部分を比べてみると微妙に得意な期間と苦手な期間がずれているようにも見えます。

この2つのルール（買いと売り）を組み合わせたときにはどのようになるでしょうか。

ここではレバレッジを2倍、買いと売りをそれぞれ余力の50％までとしてバックテストを実施しました。つまり、運用資金が300万円であれば、買いも売りも最大で300万円までポジションを持つことになります。この場合、レバレッジが2倍とはいえ、買いと売りがほぼ均等なので、実質的にはそれほどレバレッジをかけない状態といってもいいでしょう。

【図7－5】逆張り（買い）の資産曲線

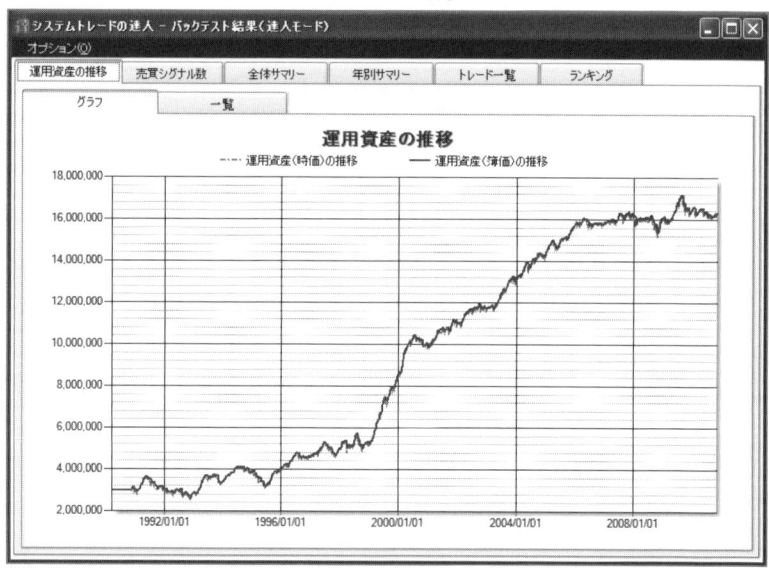

【図7－6】逆張り（売り）の資産曲線

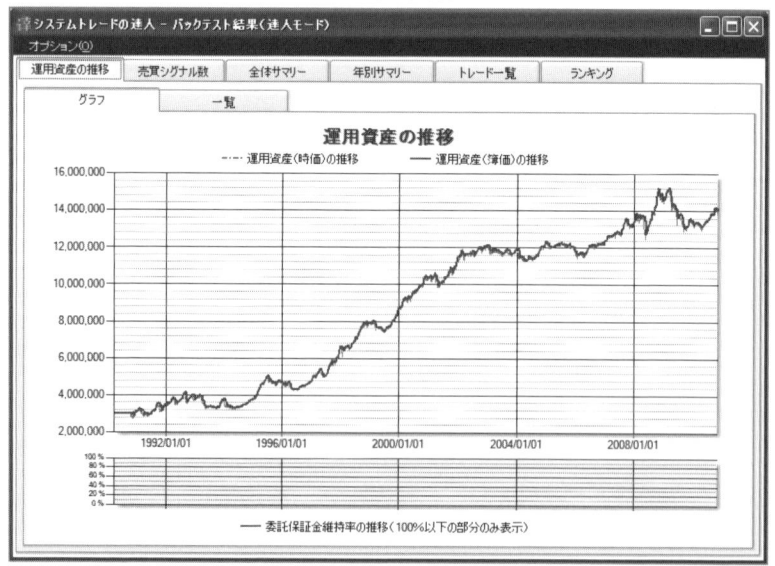

次ページ**図7－7**が買いと売りを組み合わせて同時に運用した場合のバックテスト結果です。

　資産曲線は買いと売りを別々に運用したときよりも変動が小さく、滑らかになっていることがわかります。

　買いのルールと売りのルールでは得意な時期、苦手な時期が微妙にずれているため、お互いの苦手な相場を補完しあって安定化を図ることに成功しているといえそうです。

　また、レバレッジを2倍にしているため、最終的な利益は買いと売りの結果をほぼ足し算にした金額となっています。

　この結果を見るかぎりは、ほとんど狙い通りの結果といってもいいのですが、2つほど気になることがあります。

　年別の結果（157ページ**図7－8**）を見るとよくわかるのですが、2005年以降は若干利回りが低下傾向にあるということと、2009年はマイナスで終わっていることです。

　ずっと昔の成績であればあまり気にする必要はありませんが、直近の成績が低下傾向にあるため、将来このシステムがいつまで有効に機能するかは、若干不安を残すことになるかもしれません。

【図7-7】バックテスト結果(逆張り4/4ロングショート)

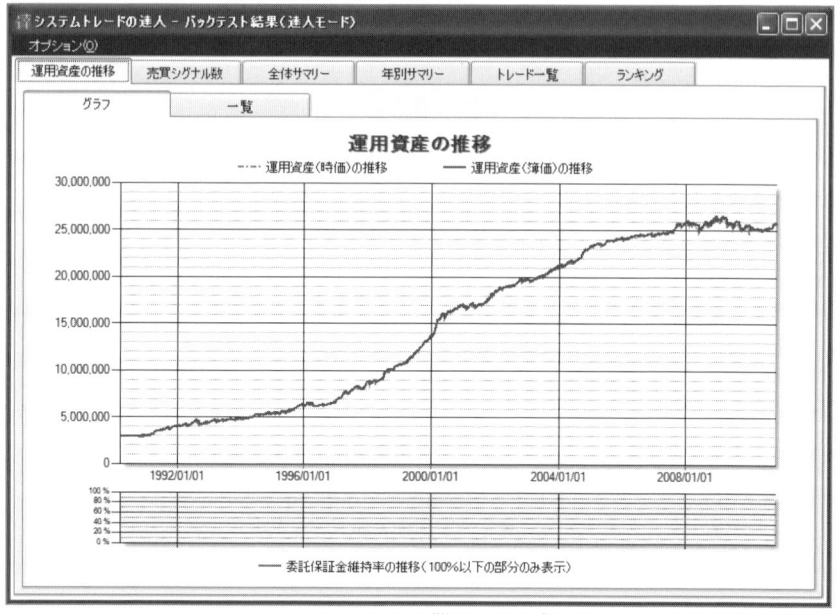

バックテスト期間:1990年3月1日~2010年11月16日

勝率:62.81％
勝ち数:5,428回　負け数:3,214回
平均損益(率):0.76％
平均利益(率):5.21％　平均損失(率):-6.72％
合計損益(円):22,628,552円

最大連勝回数:18回　最大連敗回数:10回
最大ドローダウン:1,846,377円(2010/01/04)
PF:1.375
平均保持日数:10.86日

【図7-8】バックテスト結果（年別）

年	利回り（時価）	勝率	平均損益（率）	合計損益（円）
1990	-2.44%	71.43%	0.83%	16,780 円
1991	36.93%	63.24%	0.42%	1,069,730 円
1992	11.24%	62.77%	-0.03%	385,460 円
1993	8.86%	62.56%	0.12%	459,300 円
1994	10.94%	58.52%	0.25%	494,580 円
1995	15.91%	60.33%	0.50%	844,160 円
1996	7.11%	60.99%	0.36%	449,890 円
1997	30.39%	69.33%	1.30%	2,137,170 円
1998	21.36%	67.31%	1.38%	1,899,980 円
1999	29.87%	65.58%	1.99%	2,934,011 円
2000	21.80%	65.59%	2.34%	3,259,133 円
2001	9.51%	66.17%	1.19%	1,502,991 円
2002	7.03%	61.66%	1.18%	1,357,410 円
2003	7.87%	64.22%	1.53%	1,488,091 円
2004	9.97%	65.95%	1.20%	2,082,378 円
2005	2.89%	56.96%	0.18%	723,317 円
2006	2.55%	58.24%	0.32%	546,744 円
2007	4.34%	62.81%	0.80%	1,193,880 円
2008	1.83%	60.45%	0.39%	364,210 円
2009	-5.73%	57.88%	-1.20%	-671,846 円
2010	4.25%	62.69%	0.36%	293,493 円

04 システム❸ 業種別指数を使ったシンプルな鞘取り
【電力株の鞘取り戦略】

　次に紹介するシステムは、これまでのものとは異なり、一般的には「鞘（サヤ）取り」というタイプに属するシステムです。

　鞘取りの基本は、同じタイプの銘柄を1セット（多くの場合はペア）として、割安なものを買い、割高なものを売ることで利益を得るというのが一般的な方法です。

　同じ鞘取りでも基準とする銘柄（または商品）はいろいろありますが、ここで紹介する鞘取りは、業種別の指数の「電力株指数」を基準として使用する方法です。

　正式には「電力株指数」という銘柄は上場されていませんが、検証ソフトでよく使用される「データゲット社（http://www.data-get.com/）」の株価データには業種別指数として「業種別（電力）」が用意されているため、本書では、そちらのデータを使用しています。

　具体的なトレードの方法ですが、「買いの場合であれば、直近の数日間で電力株指数が上昇しているときに、同じ電力株のなかで出遅れている（上昇していない、または下落している）銘柄を買う」という方法をとっています。

　つまり、電力株指数を基準として、指数よりも上昇していない銘柄を買い、指数よりも下落していない銘柄を売るということになります。

　なお、売買ルールの詳細は下記（次ページ）のとおりです。

■売買ルール①　電力株の鞘取り（買い）

●仕掛け（買い）ルール

下記の条件を満たした場合、翌日に指値（終値の価格）で買い

- 「業種別（電力）」の終値が移動平均（3日）より大きいとき

かつ、

- 終値と移動平均（3日）の乖離率が－0.5％以下

●決済（売り）ルール

下記の条件を満たした場合、翌日の寄付き（始値）で売り

- 終値が移動平均（3日）以上

バックテスト対象	業種が電力の銘柄のみ
資金の配分方法	運用資金を2銘柄に分散
優先順位	終値と5日移動平均の乖離率（昇順）

■売買ルール②　電力株の鞘取り（売り）

●仕掛け（売り）ルール

下記の条件を満たした場合、翌日に指値（終値の価格）で売り

- 「業種別（電力）」の終値が移動平均（3日）より小さいとき

かつ、

- 終値と移動平均（3日）の乖離率が＋0.5％以上

●決済（買い）ルール

下記の条件を満たした場合、翌日の寄付き（始値）で買い

- 終値が移動平均（3日）以下

バックテスト対象	業種が電力の銘柄のみ
資金の配分方法	運用資金を2銘柄に分散
優先順位	終値と5日移動平均の乖離率（降順）

　売買ルールそのものは買いと売りで別々に分けていますが、バックテスト自体は同時に実施しています。また、買いと売りの両方を使うため、このシステムもレバレッジは最大で2倍までとしています。

　内容が若干わかりづらいかもしれませんが、要約すると「電力株指数の終値が3日移動平均より大きいときに、終値と3日移動平均の乖離率が－0.5％以下の銘柄を買う」（売りはその逆）ということです。そして、終値と3日移動平均の乖離がなくなったときに決済を行います。

　他に注意点としては、仕掛けは「成行」で行うのではなく、「指値（シグナルが出た日の終値）」で行うことです。また、今回は電力株のみを対象としていることから、トレード対象となる銘柄が非常に少ないため、運用資金は2銘柄に分散しています。リスクの観点からも現実のトレードではもう少し分散したほうがいいでしょう。

　実際に下記の詳細に従ってバックテストを実施した結果が**図7－9**。**図7－10**（163ページ）が年別のデータです。

■バックテストの詳細設定

バックテスト期間	1990年3月1日～2010年11月16日
手数料（往復）	1000円
初期の運用資金	300万円
運用方法	単利運用（常時元本を固定）

【図7-9】バックテスト結果（電力株の鞘取り）

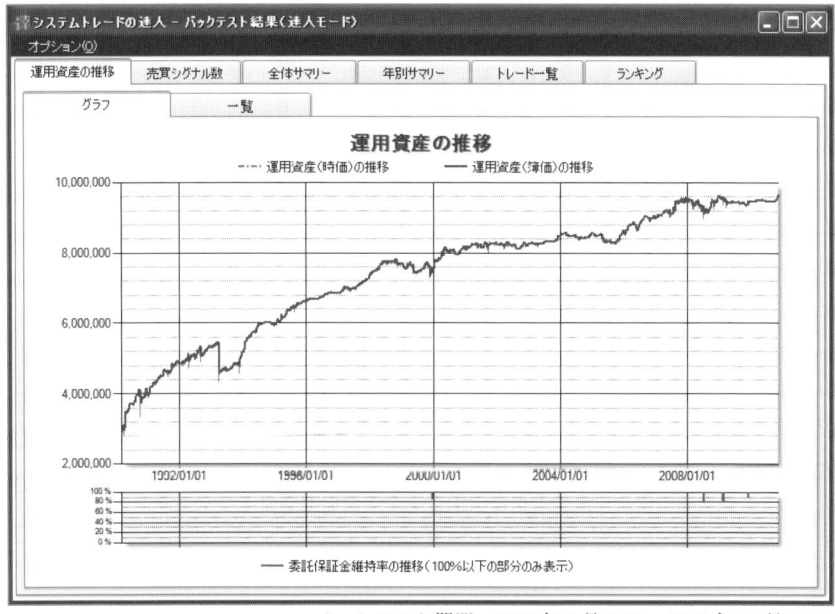

バックテスト期間：1990年3月1日～2010年11月16日

勝率：61.24％
勝ち数：948回　負け数：600回
平均損益（率）：0.32％
平均利益（率）：1.62％　平均損失（率）：－1.72％
合計損益（円）：6,637,700円

最大連勝回数：14回　最大連敗回数：8回
最大ドローダウン：1,118,800円（1993/04/02）
PF：1.471
平均保持日数：3.93日

資産曲線の形はそれなりに右肩上がりで、まあまあといったところですが、通算の利益はさほど大きくありません。

　このシステムでバックテストの対象となっている銘柄は電力株だけということもあり、わずか11銘柄のみでのバックテスト結果ですので、利益が小さいのはそのためです。

　バックテスト結果のなかで気になるのは、フラット期間（資産が増えない期間）が長いことと、1993年あたりに大きなドローダウンがあることでしょうか。

　このうち、フラット期間が長いのはトレード対象となる銘柄数が少ないせいですので、トレード対象を他の業種にも広げることで解決できるかもしれませんが、ドローダウンが大きいのは別に問題があります。

　鞘取りというのは、基準となる銘柄（ここでは電力株指数）があることを無視すれば、タイプとしては逆張り系になります。そのため、ドローダウンを小さくしようと思えば、別途、損切りや期限切れによる強制決済などの条件を設ける必要があるかもしれません。

　ただし、その場合は当然、利回りが低下することになるため、運用方針などによって、どこかでバランスをとらなければならないことになります。

　なお、本書ではたまたま電力株の指数を選択しましたが、そのこと自体にはまったく意図はありません。よって、これから鞘取りを実践してみようと考えている方は、ぜひ、他の業種などでもバックテストをしていただきたいと思います。

【図7-10】バックテスト結果(年別)

年	利回り(時価)	勝率	平均損益(率)	合計損益(円)
1990	29.87%	68.63%	1.41%	984,200 円
1991	24.60%	65.52%	0.72%	870,300 円
1992	9.77%	59.62%	0.36%	474,200 円
1993	-3.05%	64.81%	-0.07%	-157,400 円
1994	15.00%	60.26%	0.71%	773,900 円
1995	11.32%	68.35%	0.61%	673,400 円
1996	3.95%	56.67%	0.32%	256,200 円
1997	7.63%	63.16%	0.40%	524,300 円
1998	3.70%	59.34%	0.24%	306,600 円
1999	-0.08%	60.23%	-0.09%	-140,900 円
2000	5.87%	56.38%	0.40%	546,300 円
2001	1.67%	56.41%	0.13%	141,100 円
2002	0.34%	50.00%	0.03%	28,300 円
2003	2.95%	54.55%	0.52%	224,800 円
2004	0.41%	62.86%	0.20%	54,300 円
2005	0.98%	59.70%	0.12%	73,800 円
2006	4.21%	66.18%	0.42%	373,600 円
2007	5.15%	67.47%	0.44%	464,000 円
2008	0.98%	63.37%	0.13%	141,500 円
2009	-0.88%	57.81%	-0.16%	-131,200 円
2010	1.67%	53.85%	0.38%	156,400 円

05 システム④
日経平均のヘッジで下落相場を克服
【ブレイクアウト＋日経平均ショート戦略】

　次に紹介するシステムは、直接的に利益をあげる方法というより、下落相場に対するヘッジ効果をみるのが目的となります。

　通常、買いを中心とした売買ルールでは、上昇相場では大きな利益を得ることができるかわりに、下落相場では損失が出る可能性があります。もちろん、途中で壊滅的な損失さえ出さなければそれでいい、という考え方もありますが、普通の方であれば、やはり損益のブレが小さくて安定したシステムのほうがいいと考えるのが本音でしょう。

　そこで、下落相場でも何とかシステムの安定化を図るための方法として、「ヘッジ」という選択肢があります。

　単にヘッジといってもいろいろな方法がありますが、ここではヘッジそのものの効果を確認するためにもっとも単純な方法を採用します。その方法とは、「日経平均を常時売っておく」というものです。

　厳密には日経平均そのものは売買することができないため、実際の売買では日経平均に連動するETFを利用することになります。

　ただ、日経平均に連動するタイプのETFが上場されてからまだ10年足らずであるため、バックテストでは日経平均そのものを使っています。

　ここでは、メインの売買ルールには単純なブレイクアウト型の順張りを採用し、ヘッジと組み合わせて運用した場合にどのような効果があるかを見ていきましょう。

なお、使用するブレイクアウトの売買ルールは以下のとおりです。

- ●仕掛け（買い）ルール

  下記の条件を満たした場合、翌日の寄付き（始値）で買い

  ・終値が過去200日間で最大の終値を更新（ただし、過去99日間で初めて更新した場合のみ）

- ●決済（売り）ルール

  下記の条件を満たした場合、翌日の寄付き（始値）で売り

  ・終値が過去100日間で最小の終値を更新

バックテスト対象	日経平均採用銘柄（225銘柄）のみ
資金の配分方法	運用資金を10銘柄に分散
優先順位	終値と5日移動平均の乖離率（昇順）

■バックテストの詳細設定

バックテスト期間	1990年3月1日～2010年11月16日
手数料（往復）	1000円
初期の運用資金	300万円
運用方法	単利運用（常時元本を固定）

　売買ルールの注意点として、バックテストの対象となる銘柄を日経平均採用銘柄に限定していることがあげられます。

　なぜ、日経平均に採用された銘柄のみを対象としているかといえば、ヘッジとして使用する銘柄が「日経平均」だからです。べつに全銘柄を対象としてもかまわないのですが、ジャスダックなどの他の市場を売買

してしまうと日経平均だけでヘッジをすることに合理性がなくなるという理由からこのような形をとっています。

ブレイクアウトの売買ルールでバックテストした結果が**図7－11**になります。また、その下の**図7－12**は日経平均を常時空売りし続けた場合の資産曲線です。

まず、ブレイクアウトの資産曲線で目立つのは、2000年の前半あたりをピークとした急激な資産の上昇と、2008年以降のドローダウンでしょうか。

売買ルールが買いのみであるため、基本的には上昇相場で大きな利益が出るかわりに、下落相場では損失になることが多いといえます。

一方、**図7－12**は単に日経平均を売りっぱなしにしているだけなので、当然のことながら、損益は日経平均に連動することになります。

ただし、補足事項として、365日（1年）に1度だけ決済し、もう一度仕掛けなおしています。その理由は、日経平均の価格の変動に合わせて株数を調整するためです。

たとえば、日経平均が3万円のときと1万円のときでは、同じ100株を空売りしていた場合には、金額で3倍もの開きがあります。そのため、毎年その時点の資産に合わせてできるだけ同じくらいの金額（300万円）になるように株数を調整しているのです。

果たして、この2つのルールを合わせて運用した場合にはどのようになるでしょうか。

【図7-11】ブレイクアウト（買い）の資産曲線

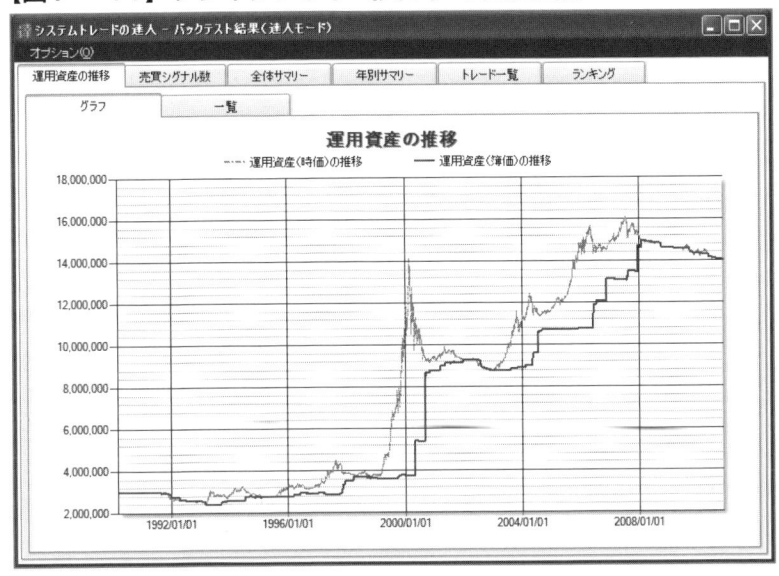

【図7-12】日経ショートの資産曲線

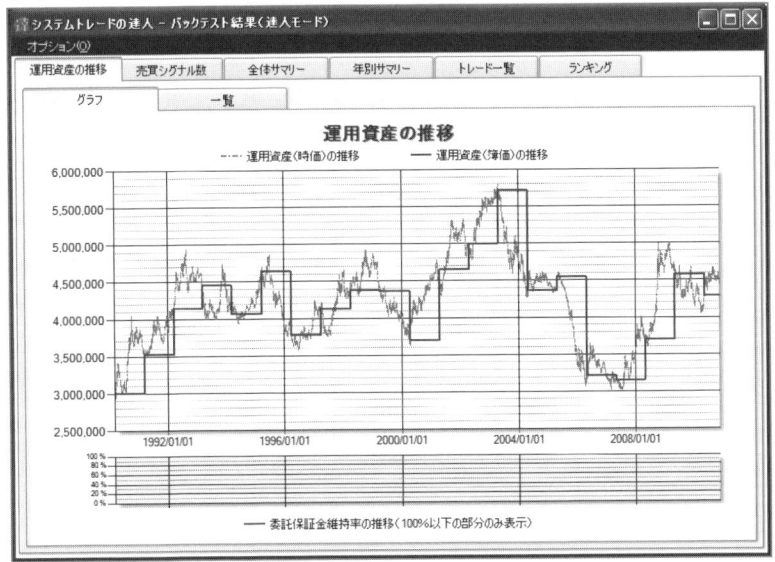

ブレイクアウトに日経平均の空売り（ヘッジ）を組み合わせて運用した結果が**図7－13**です。
　資産曲線を見ると、ブレイクアウトを単体で運用したときと最終的な損益は変わりませんが、損益のブレがかなり小さくなっていることがわかると思います。
　前述した2ヵ所について確認してみると、2000年前半の急激な利益が落ち着いて山が小さくなり、2008年以降もヘッジの売りが効いてドローダウンが緩やかになっています。
　この例では完全にドローダウンを吸収するまでには至っていませんが、少なくともヘッジを入れることによって、株式市場の変動を抑えることには成功しているといえるのではないでしょうか。

　このヘッジ方法では、上昇相場が続いた場合には、ヘッジコストがかかって利益を削ってしまうという欠点があります。しかし、「株式市場の変動」という要因を排除して、純粋に「売買ルールだけの優位性」で利益をあげることができる点では大いに利用価値がありそうです。
　また、日経平均をただ売りっぱなしにするだけでなく、一定の有利なタイミングのみで売りを仕掛けるというように、ヘッジの方法を工夫することでさらに安定化を図ることも可能ですので、いろいろなパターンで試してみると面白いでしょう。

第❼章 勝ち続けるための5つの戦略

【図7－13】バックテスト結果（ブレイクアウト＋日経ショート）

バックテスト期間：1990年3月1日～2010年11月16日

勝率：52.00％
勝ち数：117回　負け数：108回
平均損益（率）：25.17％
平均利益（率）：63.46％　平均損失（率）：－15.86％
合計損益（円）：10,893,264円

最大連勝回数：11回　最大連敗回数：11回
最大ドローダウン：1,896,000円（2000/09/06）
PF：2.492
平均保持日数：296.92日

【図7-14】バックテスト結果（年別）

年	利回り（時価）	勝率	平均損益（率）	合計損益（円）
1990	24.54%	0.00%	0.00%	0 円
1991	-2.77%	20.00%	-16.05%	305,960 円
1992	15.97%	25.00%	-4.27%	509,208 円
1993	5.72%	66.67%	1.76%	288,516 円
1994	-8.02%	53.33%	3.98%	-187,354 円
1995	2.49%	80.00%	9.31%	520,534 円
1996	2.95%	69.23%	7.13%	-649,152 円
1997	21.49%	69.23%	14.48%	735,682 円
1998	3.89%	50.00%	15.79%	348,200 円
1999	79.96%	60.00%	3.49%	91,635 円
2000	-1.72%	45.45%	187.12%	3,360,692 円
2001	2.35%	61.90%	11.78%	1,222,107 円
2002	0.94%	12.50%	-15.74%	-149,020 円
2003	22.86%	100.00%	24.02%	787,590 円
2004	-0.54%	90.91%	106.58%	1,109,817 円
2005	13.63%	100.00%	9.90%	182,064 円
2006	-1.25%	91.67%	122.50%	1,149,078 円
2007	2.45%	43.75%	31.32%	582,328 円
2008	3.47%	14.29%	3.58%	384,420 円
2009	-4.28%	11.11%	-11.53%	562,019 円
2010	0.19%	18.18%	-9.09%	-465,110 円

06 システム⑤ 値動きの大きい銘柄を待ち受ける
【指値待ちデイトレ戦略】

　これまで紹介してきたシステムは、数日間程度の「スイングトレード」か、もっと長く保有する「ポジショントレード」といったものでしたが、最後に紹介するシステムは、「デイトレード」系に属するタイプのものになります。

　ただし、完全なデイトレードではなく、寄付き（始値）で仕掛けて大引け（終値）で決済する方法です。

　このシステムも買いと売りがセットで構成されていますが、これまでのシステムとは異なり特殊な方法でトレードを行うため、詳しく説明する前に売買ルールから先に見ていただくことにしましょう。

■売買ルール①　指値待ちデイトレ（買い）

- **仕掛け（買い）ルール**

  下記の条件を満たした場合、翌日に指値（終値－5％）で買い
  - 平均売買代金（30日）が3000万円以上（※任意）

- **決済（売り）ルール**

  無条件に仕掛けた日の大引け（終値）で売り

バックテスト対象	東証一部の貸借銘柄のみ
資金の配分方法	運用資金を5銘柄に分散
優先順位	2日ボラティリティ（降順）

■売買ルール②　指値待ちデイトレ（売り）

●仕掛け（売り）ルール

下記の条件を満たした場合、翌日に指値（終値＋5％）で売り
- 平均売買代金（30日）が3000万円以上（※任意）

●決済（買い）ルール

無条件に仕掛けた日の大引け（終値）で買い

バックテスト対象	東証一部の貸借銘柄のみ
資金の配分方法	運用資金を5銘柄に分散
優先順位	2日ボラティリティ（降順）

売買ルールを見て驚いた方もいるのではないでしょうか。

このシステムには仕掛けのルールが何もないのです。仕掛けの条件がないということはすなわち、**毎日すべての銘柄が売買の対象**になりうることを意味しています。

もう少し詳しく説明しましょう。

仕掛けの条件がないといっても無条件に成行で注文を出すわけではなく、前日の終値から株価が5％離れたところで指値を出しておきます。

買いであれば前日よりも5％安い価格、売りであれば前日よりも5％高い価格です。

しかし、さすがにすべての銘柄に指値の注文を入れておくのは現実的には不可能でしょう。そこで、**あらかじめ値動きが大きくなりそうな銘柄だけを狙って指値を出しておく**ことにするのはいかがでしょうか。

もちろん、どの銘柄が大きく動くかは予測できませんが、だいたいの見当をつけることはできます。

それは、直近で大きく動いている銘柄です。

上昇するか下落するかまではわからなくても、前々日や前日に大きく動いている銘柄であれば、少なくとも上下どちらかに大きく動くだろうということは推測できます。

そこで、「2日間のボラティリティが大きい順」に並べ替えて、優先順位が上から5番目までの銘柄に対して買いと売りの指値注文を同時に出しておくのです。

この方法であれば、すべての銘柄に指値を出すようなことをしなくても、ある程度動きの大きくなりそうな銘柄だけを狙って待ち構えておくことができることになります。

それでは早速、このような方法で運用していたらどのような結果になっていたかをみてみましょう。買いと売りを併用するため、下記のとおり、レバレッジは2倍までとしてバックテストを行います。

■バックテストの詳細設定

バックテスト期間	1990年3月1日～2010年11月16日
手数料（往復）	1000円
初期の運用資金	300万円
運用方法	単利運用（常時元本を固定）
レバレッジ	2倍

次ページ**図7−15**がバックテスト結果。**図7−16**（176ページ）が年別の結果です。

資産曲線を見ると、1998年まではほぼ横ばいですが、それ以降からは急激にパフォーマンスが良くなっています。トレード対象は東証一部

【図7-15】バックテスト結果（指値待ちデイトレ）

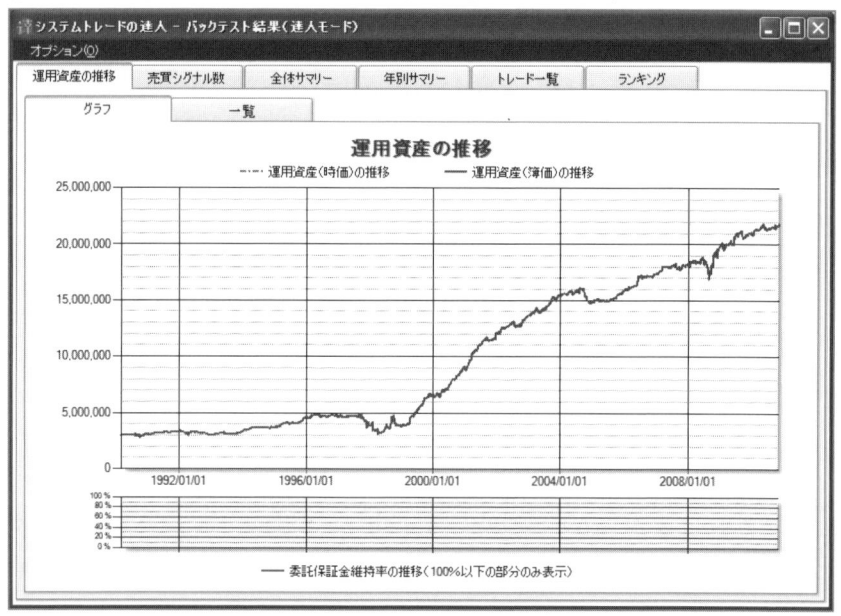

バックテスト期間：1990年3月1日～2010年11月16日

勝率：50.76 %

勝ち数：5,611 回　負け数：5,444 回

平均損益（率）：0.31 %

平均利益（率）：3.41 %　平均損失（率）：- 2.87 %

合計損益（円）：18,834,564 円

最大連勝回数：17 回　最大連敗回数：23 回

最大ドローダウン：1,946,069 円（2008/08/15）

PF：1.238

平均保持日数：0.03 日

の貸借銘柄のみですが、もしかすると新興市場ができた影響があるのかもしれません。

いずれにしても、直近のパフォーマンスが高いというのは、これから運用していくうえでは良い傾向です。ただし、これがこのまま現実のトレードで使えるかといえば、多少の疑問符がつきます。

バックテスト結果の詳細でとくに平均損益率を見ていただくと、1トレードあたりで取れる平均の損益はわずか＋0.31％しかありません。すでに説明したとおり、このシステムは大引けで決済するため、「引け成行」の注文を使って決済することになると思いますが、大引けではスリッページが発生する可能性があります。

つまり、自分が注文を出すことによって、大引けの価格が不利なほうに動いてしまうことがあるのです。

このような理由からも、実際に使用する場合には、決済の注文時には指値注文を使用したり、スリッページが発生しづらい大型株でトレードをするなどの工夫をする必要がありそうです。

このシステムがそのままで使用できるかどうかはともかくとして、「あらかじめ大きく動きそうな銘柄を絞り込んで指値で待ち構える」という戦略は、応用次第で面白いシステムが作れるかもしれません。

【図7-16】バックテスト結果（年別）

年	利回り（時価）	勝率	平均損益（率）	合計損益（円）
1990	2.98%	43.33%	0.11%	82,340 円
1991	8.89%	46.06%	0.27%	281,600 円
1992	-9.16%	41.59%	-0.22%	-308,180 円
1993	11.86%	46.07%	0.30%	334,506 円
1994	9.25%	57.23%	0.44%	344,280 円
1995	22.98%	54.22%	0.54%	858,290 円
1996	1.36%	49.80%	0.08%	56,010 円
1997	-16.19%	44.71%	-0.27%	-734,078 円
1998	-1.97%	47.90%	-0.01%	-70,517 円
1999	67.96%	52.30%	0.77%	2,620,034 円
2000	40.28%	55.52%	0.68%	2,635,446 円
2001	33.98%	53.44%	0.73%	2,988,466 円
2002	13.29%	52.36%	0.46%	1,589,533 円
2003	12.68%	52.65%	0.40%	1,731,858 円
2004	-3.70%	49.75%	-0.26%	-612,369 円
2005	7.51%	57.69%	0.48%	1,173,165 円
2006	9.20%	55.13%	0.55%	1,453,628 円
2007	4.74%	53.79%	0.27%	884,392 円
2008	9.26%	48.34%	0.31%	1,631,402 円
2009	5.28%	48.47%	0.17%	1,053,237 円
2010	4.01%	45.79%	0.18%	841,521 円

巻末付録

検証ソフトを使って
バックテストを実践しよう

01 検証ソフト『システムトレードの達人』のインストール

　ここで紹介する検証ソフト『システムトレードの達人』は、フェアトレード社（http://www.fairtrade.co.jp/）が企画し、私自身が開発を手がけたバックテスト（検証）用のソフトウェアです。

　基本的には、初心者でも簡単に利用できることを前提に作られているため、難しいプログラムの知識などがなくても、マウス操作と数値の入力だけでバックテストを行うことが可能なのが特徴です。

　そこで本書では、まだご自身で検証ソフトをお持ちでない方のために『システムトレードの達人（フリー版）』というソフトウェアをご用意させていただきました。下記のURLからダウンロード＆インストールして、利用することができます。

●**システムトレードの達人（フリー版）のダウンロード先URL**

http://sys-tatsu.com/dl_sample.html

※上記URLは予告なく変更・削除する場合があります。
※本ソフトウェア（システムトレードの達人）に関して、日本実業出版社へのお問い合わせはご遠慮ください。

　なお、このURLからダウンロードできるソフトは「フリー版（無償版）」であるため、一部機能に制限がありますが、基本的なバックテストは実践可能です。また、体験版などとは違い、とくに試用期限などもありませんので、心ゆくまでバックテストを楽しんでみてください。

02 検証ソフトを使ったバックテストの実践

　ここからは、検証ソフト『システムトレードの達人』を使ったバックテストの実践方法について解説します（ご使用のパソコンには、すでに『システムトレードの達人』がインストールされているものとして話を進めていきます）。

　まずはじめに、デスクトップ上にある「シス達－バックテスト」というアイコンをダブルクリックします。

　すると、『システムトレードの達人』の「バックテスト画面」が起動します。

この画面を使って、バックテストを行うための設定をするのですが、そのためには売買ルールを決める必要があります。

　バックテストを行う売買ルールは何でもかまいませんが、ここではサンプルとして、第4章の68ページで解説した逆張り型の売買ルールを例に説明することにしましょう。

■逆張り型の売買ルール（再掲載）

●仕掛け（買い）ルール

　下記の条件を満たした場合、翌日の寄付き（始値）で買い

- 終値と移動平均（5日）の乖離率が－10％以下　かつ、
- 平均売買代金（30日）が3000万円以上（※任意）

●決済（売り）ルール

　下記の条件を満たした場合、翌日の寄付き（始値）で売り

- 終値と移動平均（5日）の乖離率が0％以上　または、
- 仕掛けた日から10日間以上が経過（休日を含む）

■バックテストの詳細設定

バックテスト対象	東証、大証、名証、ジャスダック（旧ヘラクレス含む）の全銘柄
手数料（往復）	1000円
初期の運用資金	300万円
資金の配分方法	運用資金を5銘柄に分散
運用方法	単利運用（常時元本を固定）
優先順位	終値と5日移動平均の乖離率（昇順）

バックテストを実施するにあたり、最初に売買手数料やバックテストの対象となる市場などの基本的な設定をします。

下記の画面に従い、手数料（往復）のところに「1000」（円）と入力し、あとはデフォルト（初期設定）のままにしてください（【バックテスト設定①】）。

続いて、「買いルール」の設定に移ります。画面の上部にある「買いルール」と書いてあるタブを選択して画面を切り替えます（次ページの画面を参照）。

【バックテスト設定①】基本設定

買いルールは「終値と移動平均（5日）の乖離率が−10％以下」かつ、「平均売買代金（30日）が3000万円以上」という条件ですので、下記の【バックテスト設定②】のように2つの条件を「AND」で結合することになります。

具体的には、まず画面左側の「条件式の一覧」から「AND」を選択します。次に「移動平均系」のフォルダをダブルクリックして中身を開くと「終値と移動平均の乖離率」という項目があります。

移動平均の日数に「5」（日）、乖離率に「−10」（％）という値を入力して「登録」を押してください。

【バックテスト設定②】買いルール

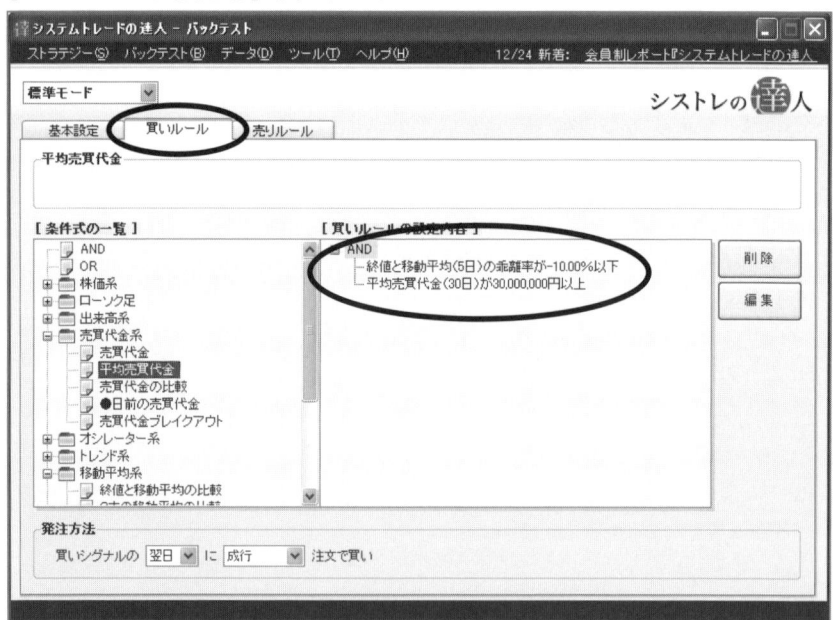

同様に「売買代金系」のフォルダのなかに「平均売買代金」という項目があります。日数に「30」(日)、金額に「30000000」(円) と入力して登録します (前ページ【バックテスト設定②】)。

　売りルールは「終値と移動平均 (5日) の乖離率が0％以上」または、「仕掛けた日から10日間以上が経過」ですので、下記のように設定します (【バックテスト設定③】)。ここでの注意点として、売りルールは2つの条件のうち、どちらか一方だけの条件を満たせばいいので、「AND」ではなく、「OR」で結合しなければなりません。

【バックテスト設定③】売りルール

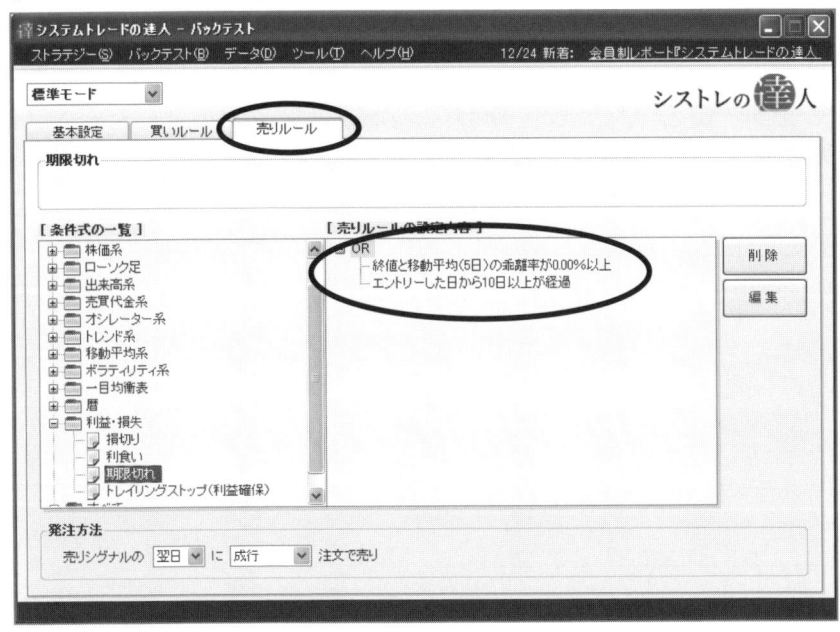

以上で売買ルールの設定は完了ですが、運用資金などを考慮した現実的なバックテストを行うためには、もう少し設定が必要です。

　そこで、画面左上にある「標準モード」となっている部分を「達人モード」に切り替えてみましょう。

　すると下記のように、画面上に「フィルター」と「資金管理」という新たな2つのタブが現れます。

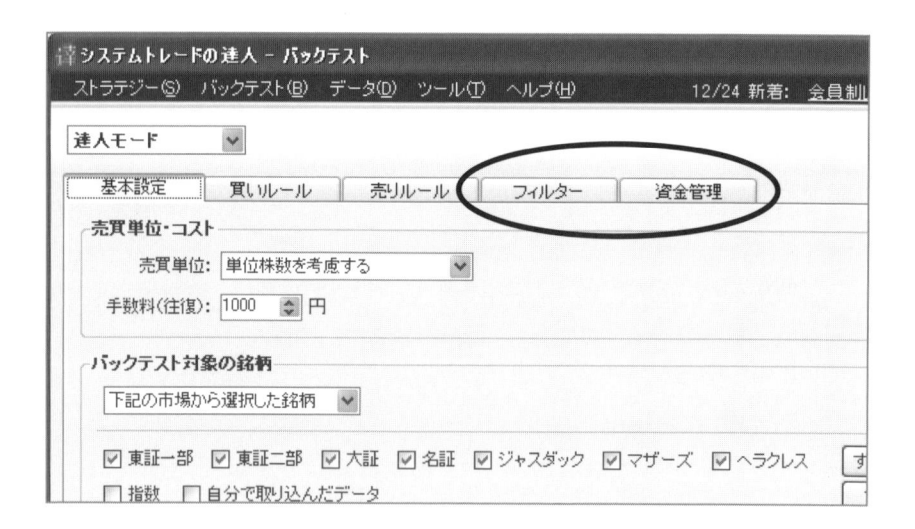

とりあえず、ここではフィルターを使用しないため、「資金管理」のタブに切り替えてください。

運用資金は初期設定では300万円になっていますので、そのままにします。変更する必要があるのは○で囲んである「資金の配分」と「エントリー時の優先順位」の2ヵ所です。

今回は運用資金を5銘柄分に分散したいので、資金の配分を「定率で配分」→「運用資金を5銘柄へ分散」と設定します。

そして、エントリー時の優先順位を「終値と移動平均5日の乖離率（昇順）」と設定しましょう。

【バックテスト設定④】資金管理

以上でバックテストを行うための設定が完了しました。いよいよバックテストを開始することができます。

　下記の画像のように、メニューバー（最上部のメニュー）の「バックテスト」から「バックテストの開始」を選択してください。

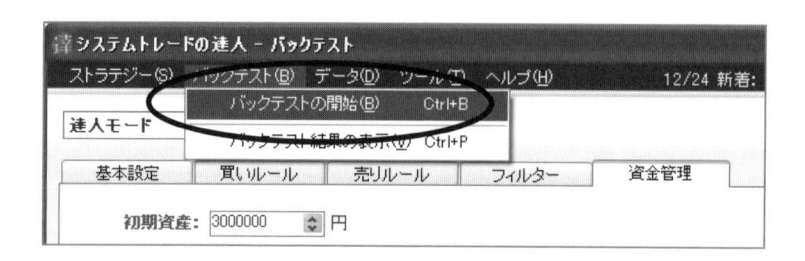

　すると、次のような小さな画面が出ます。

　バックテストの期間を入力して「バックテスト実行」をクリックするとバックテストが開始されます。

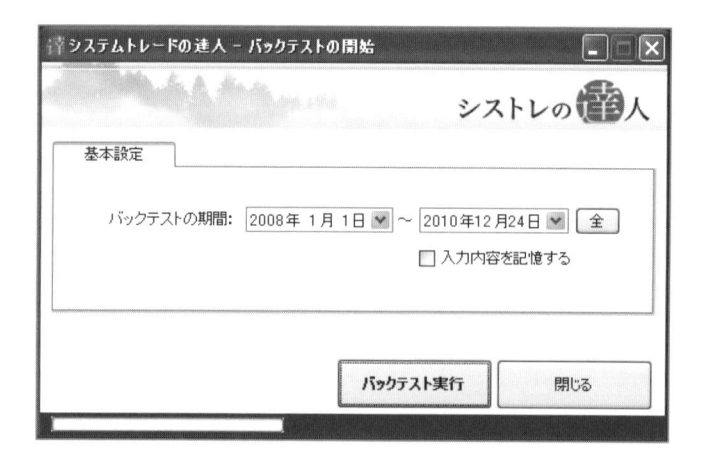

なお、フリー版では一度のバックテストで設定可能な期間は最長で3年間までとなっています（製品版は制限なし）。

バックテストの終了までには数分程度の時間がかかりますが、下記のような「バックテスト結果」の画面が現れればバックテスト終了です。

バックテスト結果の画面では、「運用資産の推移（損益グラフ）」を視覚的に確認することができるほか、タブを切り替えることで「全体サマリー（基本的な検証結果）」や「年別サマリー（年別の検証結果）」などを確認することができます。

【バックテスト結果】運用資産の推移（損益グラフ）

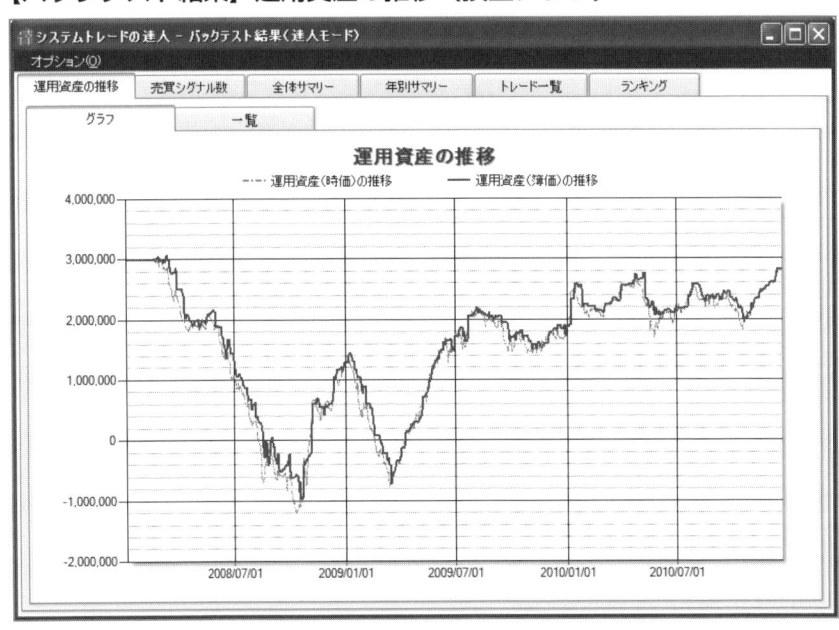

また、一度実行したバックテストの結果は自動的に保存されるので、下記の画面のようにバックテスト画面のメニューバーから「バックテスト」→「バックテスト結果の表示」を選択することで、いつでも過去に実施したバックテスト結果を再確認することが可能です。

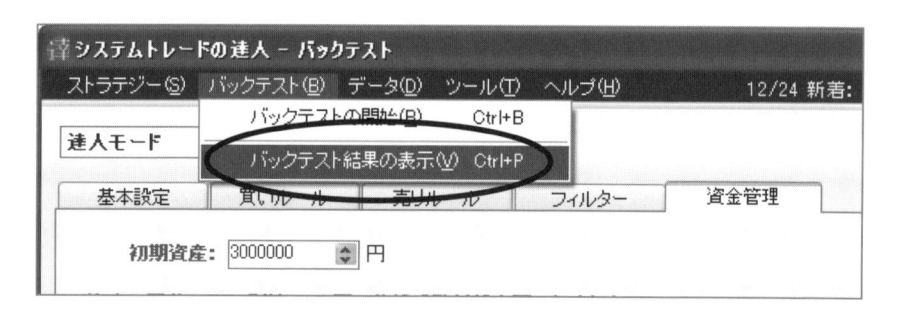

> 一覧から選択することで、過去に実施したバックテスト結果を確認することができる

03 売買ルール作成の手引き

　システムトレードの醍醐味は、やはり自分自身でオリジナルの売買ルール（ストラテジー）を作成することにあるといっていいでしょう。
　しかし、初心者の方がまったくのゼロから売買ルールを考えるのは容易なことではありません。
　売買ルールを作成するためには、インターネットや書籍などで公開されているものを模範にして改良するのがもっとも手っ取り早い方法だといえますが、売買ルールが公開されていることはほとんどありません。
　そこで、本書で紹介した『システムトレードの達人（フリー版）』には、はじめから3つの売買ルール（第4章で解説した「逆張り」「順張り」「押し目買い」）を用意しています。

　サンプルとして用意されている売買ルールを開くには、バックテスト画面のメニューバーから、「ストラテジー」→「ストラテジーを開く」を選択します。

すると小さな画面にサンプルとして用意された3つのストラテジー（売買ルール）が表示されるので、任意のものを選択して「開く」をクリックすれば、保存された売買ルールを開くことができます。

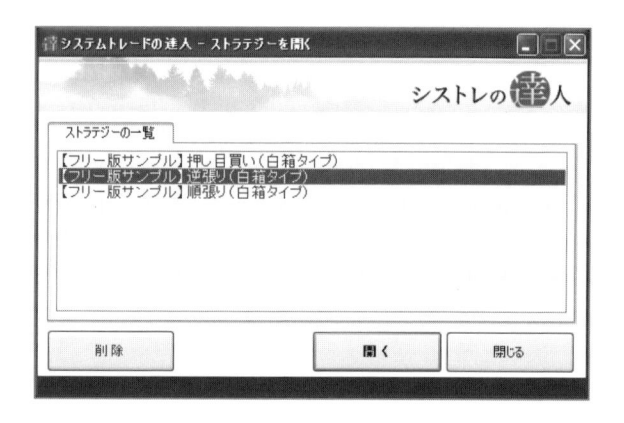

　自分自身でオリジナルの売買ルールを作成するためには、これらのサンプルの売買ルールに少しずつアレンジを加えながらバックテストを繰り返し、徐々にオリジナルに近づけていくのがいいのではないでしょうか。

　アレンジというと少し難しく感じるかもしれませんが、売買ルールのパラメータ（乖離率など）の数値を変えたり、「資金管理」や「エントリー時（仕掛け時）の優先順位」を変更するだけでもかなりバックテストの結果が変わります。

　まずは、そういったところから触れてみて、実際にどのように成績が変化するかを確認するところからはじめてみてはいかがでしょうか。

斉藤正章（さいとう　まさあき）

1975年、東京都生まれ。デザイン系専門学校を卒業後、システム開発会社に就職。プログラマー兼システムエンジニアとして8年間勤務。2001年に元手30万円で株式投資を開始。2003年1月に独自のシステムを開発してから常勝トレーダーとなり、2006年に資産1億円を達成した後も安定した運用を続けているカリスマ個人投資家。著書に、『かんたん図解　しっかり儲ける日経225mini入門』（共著）、『株　勝率80％の逆張りシステムトレード　実践テクニック』『株　勝率80％の逆張りシステムトレード術』（いずれも日本実業出版社）がある。

ブログ
http://saitou.enjyuku-blog.com/

入門　株のシステムトレード
利益が出るロジックのつくり方

2011年2月20日　初版発行
2013年12月1日　第2刷発行

著　者　斉藤正章　©M.Saito 2011
発行者　吉田啓二
発行所　株式会社 日本実業出版社　東京都文京区本郷3－2－12 〒113-0033
　　　　　　　　　　　　　　　　大阪市北区西天満6－8－1 〒530-0047
　　　　編集部　☎03－3814－5651
　　　　営業部　☎03－3814－5161　振替　00170－1－25349
　　　　　　　　　　　　　　　　http://www.njg.co.jp/
　　　　　　　　　　　　　　　印刷／壮光舎　製本／共栄社

この本の内容についてのお問合せは、書面かFAX（03-3818-2723）にてお願い致します。
落丁・乱丁本は、送料小社負担にて、お取り替え致します。
ISBN 978-4-534-04798-4　Printed in JAPAN

下記の価格は消費税(5%)を含む金額です。

日本実業出版社の本
投資関連書籍

好評既刊!

伊藤智洋＝著
定価 1680円（税込）

照沼佳夫＝著
定価 1680円（税込）

斉藤正章＝著
定価 1575円（税込）

斉藤正章＝著
定価 1890円（税込）

定価変更の場合はご了承ください。